Forschungsberichte des Soldan Instituts für Anwaltmanagement, Bd. 2

Herausgegeben von Dipl.-Kfm. René Dreske,
Prof. Dr. Christoph Hommerich und Dr. Matthias Kilian

Hommerich / Kilian

Die Berufssituation junger Rechtsanwältinnen und Rechtsanwälte

Die Berufssituation junger Rechtsanwältinnen und Rechtsanwälte

- Eine empirische Untersuchung des Zulassungsjahrgangs 2003 -

von

Prof. Dr. Christoph Hommerich

Fachhochschule für Öffentliche Verwaltung NRW, Abt. Köln
Professor für Soziologie, Marketing und Management
Vorstand des Soldan Instituts für Anwaltmanagement

Rechtsanwalt Dr. Matthias Kilian

Universität zu Köln
Rechtswissenschaftliche Fakultät
Vorstand des Soldan Instituts für Anwaltmanagement

unter Mitwirkung von

Carola Hommerich M.A., Dipl.-Soz. Heike Jackmuth Mag. rer.publ.,
Dipl.-Soz. Katharina Koch, Dipl.-Vwl. Silke Krämer und Thomas Wolf M.A.

Druck: Hans Soldan GmbH, Essen
ISBN: 3-8240-5401-9

Bibliographische Information der Deutschen Bibliothek
Die Deutsche Bibliothek verzeichnet diese Publikation in der Deutschen Nationalbibliographie; detaillierte bibliographische Daten sind im Internet über http://dnb.ddb.de abrufbar.

Vorwort

Der vorliegende Forschungsbericht des Soldan Instituts für Anwaltmanagement ist das erste Zwischenergebnis der empirischen Langzeitstudie zur Berufssituation junger Rechtsanwältinnen und Rechtsanwälte, die das Institut 2004 initiiert hat.

Differenzierte rechtstatsächliche Anwaltsforschung ist nur möglich aufgrund der Bereitschaft der Anwaltschaft, sich an zeitaufwändigen Befragungen zu beteiligen. Der Dank des Projektteams gilt daher allen Rechtsanwältinnen und Rechtsanwälten, die in die Zufallsstichprobe gefallen sind und sich bereit gefunden haben, den sehr umfangreichen Fragebogen des Instituts durchzuarbeiten.

Dank gilt auch zahlreichen Institutionen und Personen, die die Untersuchung während der Konzeptionsphase, der Feldphase und der Auswertungsphase unterstützt haben. Zu nennen sind insbesondere Bundesrechtsanwaltskammer, Deutscher Anwaltverein und die regionalen Anwaltskammern, die im Verlaufe des Forschungsprojekts verschiedene organisatorische Hilfestellungen gegeben haben. Dank gebührt auch den Mitgliedern des Beirats des Soldan Instituts für Anwaltmanagement, die die Forschungstätigkeit des Instituts nicht nur im Rahmen dieses Projekts durch wertvolle Anregungen begleiten.

Ein besonderer Dank gilt den weiteren Mitgliedern des Projektteams, die die Untersuchung in verschiedenen Phasen engagiert und umsichtig betreut haben. Wissenschaftliche Fundierung des Themas, Forschungsdesign, Datenerhebung und -auswertung und die Interpretation der Ergebnisse sind von Carola Hommerich, Heike Jackmuth, Katharina Koch, Silke Krämer und Thomas Wolf maßgeblich mitgetragen worden. Ihnen sei für ihr großes Engagement herzlich gedankt.

Essen, Mai 2006

Prof. Dr. Christoph Hommerich *Dr. Matthias Kilian*

Inhaltsverzeichnis

Einleitung

I.

Die Zahl der Rechtsassessoren, die sich nach dem zweiten juristischen Staatsexamen um den Einstieg in den Beruf bemühen, liegt Jahr für Jahr bei mehr als 10.000. Aus der Größe des Arbeitsmarktes für Volljuristen ergibt sich die Schwierigkeit der Aufgabe, nach einer langwierigen und prüfungsintensiven Ausbildung eine angemessene Beschäftigung zu finden: In den klassischen juristischen Berufen – Rechtsanwalt, Richter, Staatsanwalt, Verwaltungsjurist, Unternehmens- oder Verbandsjurist – werden etwa 220.000 Juristen beschäftigt. Diese Relation verdeutlicht, dass der Arbeitsmarkt für Juristen nach einer gewissen Entspannung im Zuge der deutschen Wiedervereinigung inzwischen wieder unter erheblichem Expansionsdruck steht.

Wichtigster Teilmarkt für Berufseinsteiger ist die Anwaltschaft: Aktuell sind rund 60% der Volljuristen als Rechtsanwälte tätig. Bei den Berufseinsteigern erreicht dieser Wert nach verbreiteten Schätzungen 75%-80%. So standen im Jahr 2004 den 9.639 Absolventen des zweiten juristischen Staatsexamens 7.700 neu zugelassene Rechtsanwälte unter 40 Jahren gegenüber. Dieses deutliche Übergewicht der Rechtsanwälte im juristischen Arbeitsmarkt ist keineswegs ausschließlich nachfrage- oder bedarfsgesteuert: Der Anwaltsberuf ist vielmehr das einzige volljuristische Berufsbild, das jedem Interessierten ohne Zugangsbeschränkungen offen steht. Auch in Zeiten, in denen Justiz, Verwaltung, Unternehmen, Verbände oder bereits etablierte Kanzleien Zurückhaltung bei der Einstellung juristischen Personals üben, ist – notfalls als letzter Ausweg – immer noch die Eröffnung einer eigenen Kanzlei möglich.

Vor diesem Hintergrund, dass immer mehr Berufseinsteiger – aus eigenem Antrieb oder den Zwangsläufigkeiten des Arbeitsmarktes gehorchend – den Anwaltsberuf wählen, sieht das Soldan Institut für Anwaltmanagement die rechtstatsächliche Erforschung der bislang weitgehend intransparenten Berufssituation junger Rechtsanwältinnen und Rechtsanwälte in Deutschland als eine unverzichtbare Pflichtaufgabe des Berufsstands an. Die durch eine solche Forschung gewonnenen Erkenntnisse können nicht nur wichtige Hilfestellungen für Assessoren geben, die vor dem Berufseinstieg stehen und für sich wichtige, häufig lebensbestimmende strategische Entscheidungen treffen müssen. Sie dienen gleichermaßen auch Studierenden und bereits zur Anwaltschaft zugelassenen Rechtsanwälten zur Orientierung bei Karriereentscheidungen. Die Tatsache, dass im Jahr 2004 die Zahl der Rechtsanwälte, die ihre Zulassung zurückgaben, in der Altersgruppe von 27 bis 39 Jahren fast doppelt so hoch war wie bei den Rechtsanwälten über 60 Jahre, ist ein Indiz dafür, dass es an einer solchen Orientierung verbreitet mangelt.

Die Untersuchung der Berufssituation junger Rechtsanwältinnen und Rechtsanwälte möchte diese Orientierungsprobleme beim Berufseinstieg durch eine differenzierte Beschreibung der Übergangsprozesse junger Juristen in die Anwaltschaft mindern, indem sie mehr Transparenz in die Beschäftigungsbedingungen junger Rechtsanwältinnen und Rechtsanwälte in Anwaltskanzleien bringt. Im Rahmen dieser Untersuchungen will das „Soldan-Gründungsbarometer“ speziell die Durchsetzungsbedingungen neu gegründeter Anwaltskanzleien am Markt rechtlicher Dienste genau beschreiben und empirisch fundiertes Wissen über die Faktoren bereitstellen, die erfolgreiche Kanzleien kennzeichnen. Im hoch wettbewerbsintensiven Markt rechtlicher Dienste wird erfolgreiche Profilierung immer schwieriger. Aus diesem Grund können Daten über das faktische Verhalten von Kanzleigründern und gesicherte Aussagen über strategische Gründungskonzepte, über Gründungsinvestitionen und schließlich über die wirtschaftliche Entwicklung neu gegründeter Kanzleien dazu beitragen, dass Neugründer nicht in einen leeren Raum hinein planen, sondern ihre Geschäftspläne unter der Bedingung fundierter Kenntnisse der faktischen Marktentwicklung aufstellen.

Die Untersuchung des Berufseinstiegs junger Rechtsanwältinnen und Rechtsanwälte wird einschließlich des „Soldan-Gründungsbarometers“ künftig in zweijährigem Turnus durchgeführt. Diese Untersuchung ist als Langzeituntersuchung im Sinne einer sog. Panelbefragung angelegt, d.h. sie ermöglicht die Verfolgung der beruflichen Werdegänge junger Juristen, die in den ersten fünf Jahren ihrer beruflichen Tätigkeit ca. dreimal befragt werden. Auf der Grundlage dieser Befragungen können also Entwicklungsprozesse von Kanzleien, etwa im Sinne einer Beschreibung einer Gründungs- und der in der Regel darauf folgenden Konsolidierungsphase, dokumentiert werden.

Die hier vorgelegte Untersuchung liefert den ersten Baustein für eine solche Langzeituntersuchung. Anfang 2005 wurden 593 Rechtsanwältinnen und Rechtsanwälte des Zulassungsjahrgangs 2003 zu ihrem Berufseinstieg befragt. Zu Beginn der Langzeitstudie waren die Unterschiede hinsichtlich des Berufseinstiegs von besonderem Interesse, die dieser Jahrgang und ältere Berufskollegen erfahren haben. Die hierfür notwendigen Vergleichsdaten lieferte die im Jahr 1997 von *Hommerich* durchgeführte empirische Studie „Einstieg in den Anwaltsberuf", auf die im vorliegenden Forschungsbericht an verschiedenen Stellen Bezug genommen wird. Die berufliche Entwicklung der 2003 zugelassenen Rechtsanwälte wird durch kontinuierliche Folgebefragungen nachvollzogen werden. Eine erste Folgebefragung ist für 2007 geplant.

II.

1. Teil 1 des Buches informiert über die Struktur der Gesamtanwaltschaft und ihren Wandel in den vergangenen Jahren. Entsprechende Parameter sind unter anderem die Arbeitslosigkeit von Volljuristen, die quantitative Entwicklung der Anwaltschaft und die Einkommenssituation der Rechtsanwältinnen und Rechtsanwälte. Weitere wichtige Einblicke geben eine Analyse des geschlechtsspezifischen Wandels der anwaltlichen Berufsausübung sowie die innere Differenzierung im Berufsstand durch Spezialisierung. Dieser Teil dient dazu, Basisinformationen über die strukturelle Entwicklung der Anwaltschaft bereitzustellen.

2. Teil 2 richtet den Blick auf die junge Anwaltschaft und ihre Berufssituation nach dem Einstieg in den Anwaltsberuf. Das Untersuchungsdesign folgt dabei früheren Untersuchungen zur Situation der jungen Anwaltschaft, die in den 80er und 90er Jahren durchgeführt wurden. Soweit dies möglich ist, werden die aktuellen Befunde mit den damaligen verglichen.

Auf Grundlage der gewonnenen empirischen Informationen werden im Kapitel 2 (S. 37ff.) zunächst allgemeine Charakteristika der jungen Anwaltschaft herausgearbeitet. Entsprechende Strukturdaten sind etwa die Erfahrungen beim Übergang in den Anwaltsberuf, die Art der Berufsausübung, die Geschlechterverteilung, Studiendauer, Examensergebnisse, Zusatzqualifikationen und Tätigkeiten neben der Anwaltstätigkeit.

Ausgehend von diesen Basisdaten, erfolgt in den weiteren Kapiteln eine Differenzierung nach den drei denkbaren Wegen in den Anwaltsberuf: Die Tätigkeit in einer bereits am Markt etablierten Kanzlei als angestellter Rechtsanwalt oder freier Mitarbeiter (Kapitel 3, S. 61ff.), die Gründung einer eigenen Kanzlei, sei es als Gesellschafter einer Berufsausübungsgesellschaft bzw. Bürogemeinschaft oder als Einzelanwalt (Kapitel 4, S. 87ff.) und schließlich die Tätigkeit als Syndikusanwalt in einem Unternehmen oder Verband (Kapitel 5, S. 131ff.). Zunächst erfolgt eine allgemeine Charakterisierung der beruflichen Situation dieser Teilgruppen. Daran schließt sich eine detaillierte Analyse der Erfolgsbedingungen für angestellte Anwälte und freie Mitarbeiter einerseits und für Gründer von Kanzleien andererseits an.

Im abschließenden Kapitel ziehen die befragten Anwälte eine Art Zwischenbilanz für die ersten Jahre ihrer beruflichen Tätigkeit. Analysiert werden anhand eines Job-Description-Index unterschiedliche Aspekte der beruflichen Situation, angefangen von der Bewertung beruflicher Handlungs- und Entscheidungsspielräume über die persönliche Belastung und Beanspruchung im Anwaltsberuf bis hin zur Einkommenszufriedenheit (Kapitel 6, S. 139ff.). Die Zukunftsperspektiven, die die befragten Anwältinnen und Anwälte für sich selbst sehen, werden in Kapitel 7, S. 143ff. vorgestellt.

3. Teil 3 (S. 145ff.) fasst die wichtigsten rechtstatsächlichen Erkenntnisse noch einmal zusammen.

Teil 1: Die Ausgangssituation juristischer Berufseinsteiger: Anwaltsmarkt im Umbruch

1. Die quantitative Entwicklung der Anwaltschaft

Als Dienstleistungsberuf ist die Anwaltschaft seit den fünfziger Jahren des 20. Jahrhunderts durch ein kontinuierliches Größenwachstum gekennzeichnet.[1]

Abb. 1: Größenwachstum der Anwaltschaft seit 1955

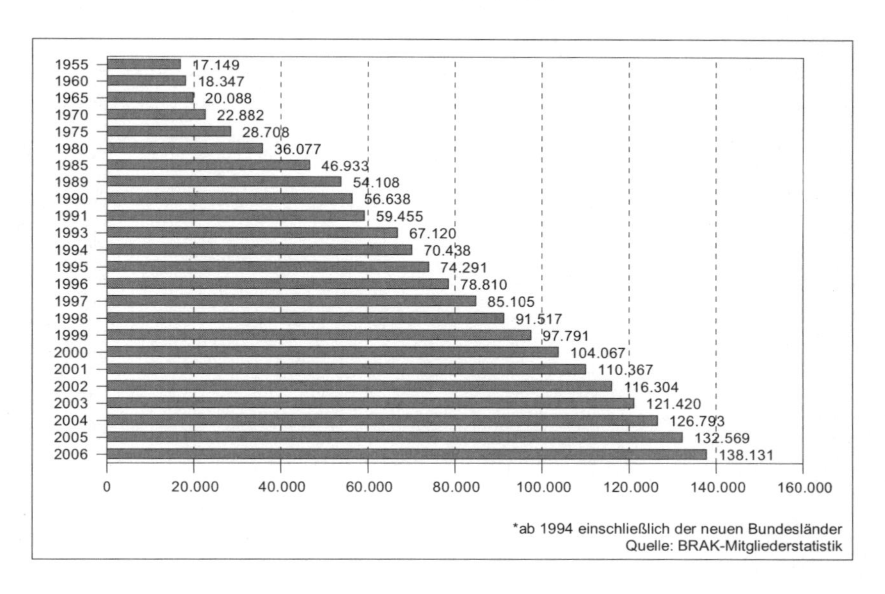

Die Zahl der Anwälte hat sich seit 1955 mehr als versiebenfacht. Der Wachstumsindex von 1955 liegt im Jahr 2006 bei 805% (Abb. 1). Zum ersten Mal waren nach der Mitgliederstatistik der Bundesrechtsanwaltskammer im Januar 2000 mehr als 100.000 Rechtsanwältinnen und Rechtsanwälte zugelassen. Das Wachstum hat sich in den

[1] Vgl. Streck, Krach, Hagenkötter, Hommerich (2005). Der Dienstleistungssektor ist im Gegensatz zur Industrie in den letzten Jahren von einem starken Beschäftigungswachstum gekennzeichnet und wird als „Hoffnungsträger" bezeichnet. Vgl. hierzu Bosch u.a. (2002), S.11-37.

ersten Jahren des neuen Jahrtausends weiter fortgesetzt: Zum 1.1.2006 waren 138.131 Rechtsanwältinnen und Rechtsanwälte zugelassen.

Besonders zu Beginn der 90er Jahre waren überproportionale Wachstumssprünge zu verzeichnen. Da im Zuge der Wiedervereinigung Deutschlands der Bedarf an Juristen in Justiz, öffentlicher Verwaltung und auch in der Anwaltschaft stark zunahm, wurde die höhere Zahl der Juristinnen und Juristen zunächst gut vom Arbeitsmarkt – den Anwaltsmarkt eingeschlossen – aufgenommen. Ein Vergleich des prozentualen Zuwachses an Rechtsanwälten pro Jahr zeigt dementsprechend eine Beschleunigung des Wachstums von 1994 bis 1997. Der Höhepunkt wurde 1997 erreicht, als die Anwaltschaft im Vergleich zum Vorjahr um acht Prozent wuchs. Inzwischen haben sich die jährlichen Wachstumsraten bei circa 4,5% eingependelt (Abb. 2). Dies entspricht einer Zunahme von durchschnittlich 5.650 Rechtsanwälten pro Jahr seit 1994.

Abb. 2: Wachstumsdynamik der Anwaltschaft seit 1994

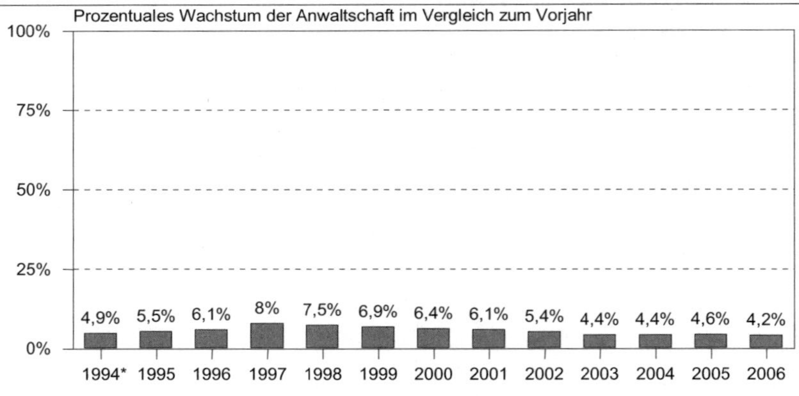

Prozentuales Wachstum der Anwaltschaft im Vergleich zum Vorjahr

100%
75%
50%
25%
0%

1994*	1995	1996	1997	1998	1999	2000	2001	2002	2003	2004	2005	2006
4,9%	5,5%	6,1%	8%	7,5%	6,9%	6,4%	6,1%	5,4%	4,4%	4,4%	4,6%	4,2%

*ab 1994 einschließlich der neuen Bundesländer
Quelle: BRAK-Mitgliederstatistik, eigene Berechnungen

Einige Indikatoren weisen darauf hin, dass ein Ende des Wachstums der Anwaltschaft nicht in Sicht ist. So stieg 2001 erstmals wieder die Zahl der Studienanfänger (1. Fachsemester) im Fach Rechtswissenschaft. 2002 bis 2004 setzte sich diese Entwicklung mit geringen Schwankungen fort.[2]

Die Anzahl derjenigen, die zwischen 1995 und 2004 das zweite juristische Staatsexamen bestanden hatten, schwankte von 1995 bis 2004 zwischen 10.650 und 9.600.[3] Diese Absolventen suchen ganz überwiegend Beschäftigung in einem einschlägigen juristischen Beruf, also etwa in der Justiz, der öffentlichen Verwaltung oder auch der Anwaltschaft.

Abb. 3: Wachstumsindex der Richter-, Staatsanwalt- und Rechtsanwaltschaft seit 1975

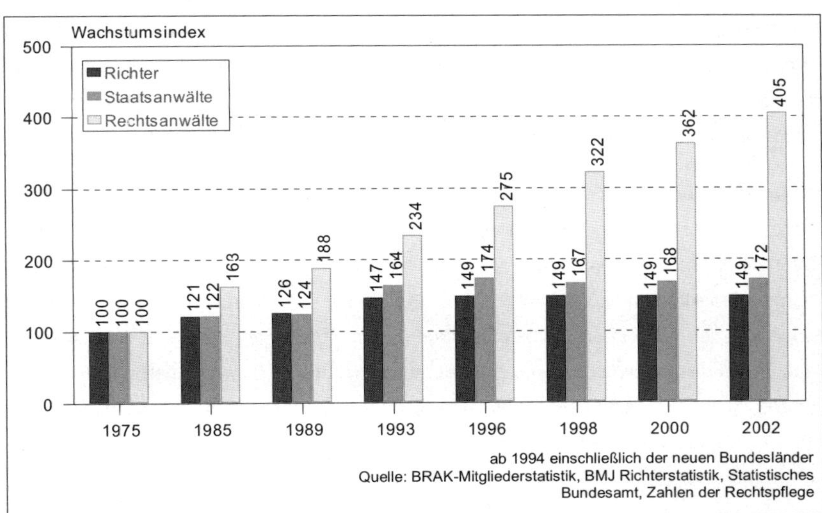

Aus Abbildung 3 wird deutlich, dass die Zahl der Richter und Staatsanwälte seit 1993 weitgehend stagniert. Darüber hinaus ist die Personalentwicklung in der öffentlichen

---

[2] Vgl. Statistisches Bundesamt (Hrsg.) (2005c).

[3] Vgl. Bundesministerium der Justiz, Referat RB6, Ausbildungsstatistik 2000, 2004.

Verwaltung deutlich rückläufig.[4] Nimmt man den im vergangenen Jahrzehnt durchgängig zu beobachtenden Abbau von Rechtsabteilungen in der Wirtschaft hinzu, so wird deutlich, dass eine hohe Zahl der Absolventen eines Jurastudiums auf einen weitgehend stagnierenden Arbeitsmarkt für Juristen trifft.[5] Dies hat zwangsläufig zur Folge, dass der Expansionsdruck auf den Anwaltsberuf wächst, der als freier Beruf keine Zulassungsschranken kennt.

Damit bleibt der Anwaltsberuf das zentrale Auffangbecken für die Absolventen eines Jurastudiums. Dies gilt vor allem deswegen, weil nach Auskunft der Zentralstelle für Arbeitsvermittlung weitere Berufsbereiche, die Juristen neben den spezifisch juristischen Arbeitsplätzen grundsätzlich offen stünden, etwa Managementfunktionen in Wirtschaftsunternehmen, Tätigkeiten bei Finanzdienstleistern, im Bereich der Medien oder auch in der Schuldner- oder Verbraucherberatung, quantitativ immer noch eine untergeordnete Rolle spielen.[6] Dies ist vor allem auch darauf zurückzuführen, dass Absolventen eines Jurastudiums sich in diesen Berufsfeldern zu selten bewerben.

In naher Zukunft könnte sich die schwierige Arbeitsmarktsituation für Juristen durch den zu erwartenden Ersatzbedarf in der Justiz und in der öffentlichen Verwaltung leicht entspannen. Dieser Ersatzbedarf ergibt sich daraus, dass insbesondere in diesen Segmenten des Arbeitsmarktes eine relativ große Zahl von Juristen, die in den 70er Jahren eingestellt wurden, in den nächsten Jahren in den Ruhestand tritt. Die Größenordnung dieser Entwicklung ist jedoch nicht genau absehbar, da angesichts des Schrumpfungsprozesses in der öffentlichen Verwaltung die Möglichkeit besteht, dass dieser Ersatzbedarf nicht mehr voll gedeckt wird.

---

[4] Vgl. Statistisches Bundesamt (Hrsg.) (2005a).

[5] Vgl. Zentralstelle für Arbeitsvermittlung (ZAV) (2005), S. 35ff.

[6] Vgl. Zentralstelle für Arbeitsvermittlung (ZAV) (2005), S. 35ff.

2. Arbeitslosigkeit

Nach Angaben der Bundesagentur für Arbeit ist bei den registrierten arbeitslosen Juristen seit dem Jahr 2000 ein kontinuierlicher Anstieg zu verzeichnen (Abb. 4). Von 2002 auf 2004 stieg die Zahl der Arbeitslosen um 30% auf 9.855 und erreichte damit den höchsten Stand seit 1985. Im Jahr 2005 sank die Zahl der arbeitslosen Juristen leicht auf 9.671.

Abb. 4: Entwicklung der Zahl offiziell arbeitslos gemeldeter Juristen

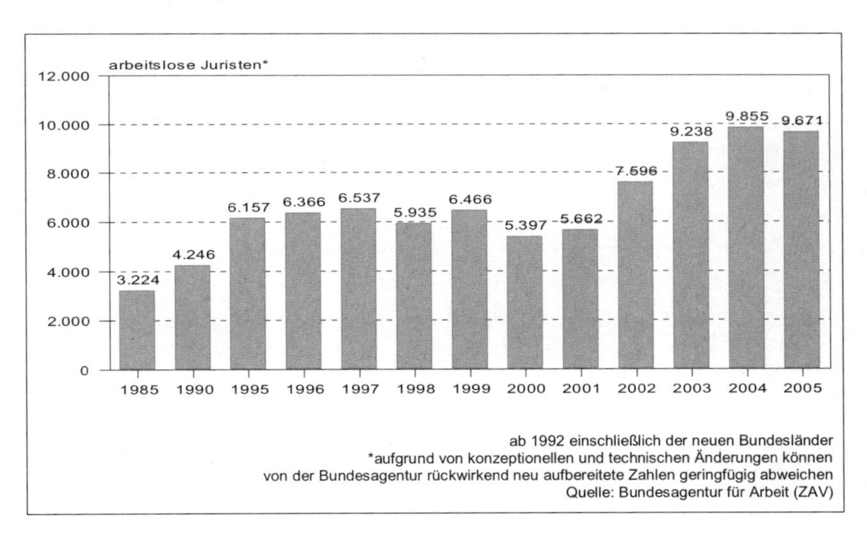

ab 1992 einschließlich der neuen Bundesländer
*aufgrund von konzeptionellen und technischen Änderungen können von der Bundesagentur rückwirkend neu aufbereitete Zahlen geringfügig abweichen
Quelle: Bundesagentur für Arbeit (ZAV)

Ein Vergleich mit der zahlenmäßigen Entwicklung aller Arbeitslosen und speziell der arbeitslosen Akademiker zeigt, dass die Anzahl arbeitsloser Juristen überproportional gewachsen ist (Abb. 5).

Abb. 5: Entwicklung der Arbeitslosenzahlen (Indexberechnung)

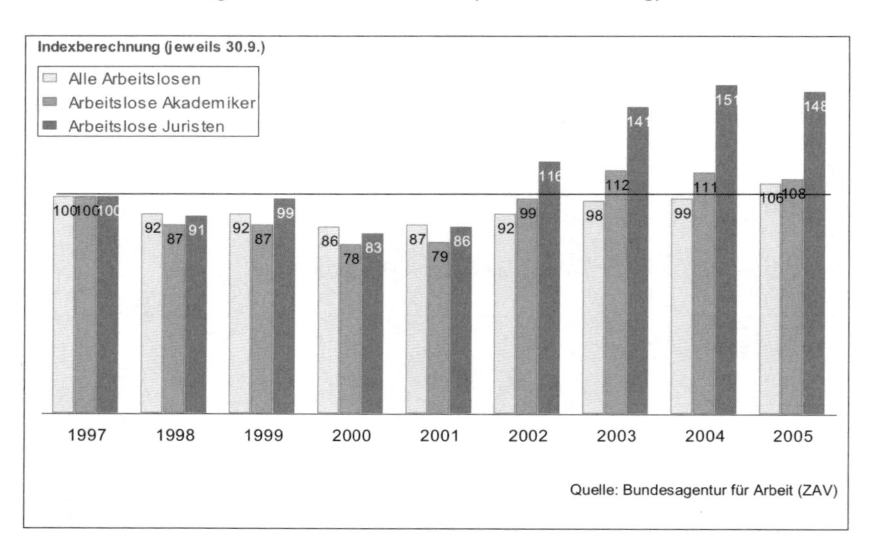

Abb. 6: Entwicklung der Arbeitslosenzahlen – Juristen, Architekten, Ärzte

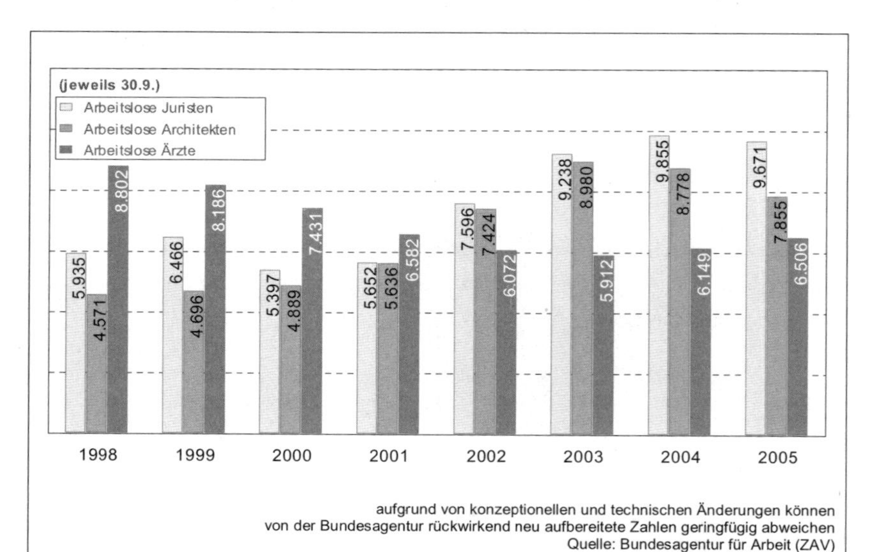

Der Vergleich mit Arbeitslosenzahlen aus anderen Freien Berufen zeigt, dass die Zahl der arbeitslosen Juristen, im Vergleich mit arbeitslosen Ärzten und Architekten am höchsten liegt (Abb. 6). Sichtbar wird vor allem, dass sich auch die Berufeinstiegsbedingungen für Architekten erheblich verschlechtert haben. Gegenläufig ist demgegenüber die Entwicklung bei Ärzten. Hier sank die Zahl der Arbeitslosen von 1998 bis 2005 um 26%. Es zeigt sich also für diese Berufsgruppen eine ungleichzeitige Entwicklung für die jeweiligen Teilarbeitsmärkte.

Von den als arbeitslos gemeldeten Juristen waren im Jahr 2005 45% Frauen. Seit Mitte der 90er Jahre hat sich dieser Anteil arbeitsloser Juristinnen kaum verändert. Dies ist insofern überraschend als Frauen seit 1997 die Mehrheit der Jurastudenten stellen. Möglich ist, dass sich Frauen, die nach Abschluss eines Jurastudiums keinen Arbeitsplatz finden, in geringerem Umfang arbeitslos melden als Männer.

Weitere Aufschlüsse über den Strukturwandel des juristischen Arbeitsmarktes liefern Angaben über die Dauer der Arbeitslosigkeit. Arbeitslosigkeit von bis zu einem halben Jahr kann als Übergangsarbeitslosigkeit interpretiert werden. Aus Tabelle 1 geht hervor, dass sich im Jahr 2005 55% der arbeitslosen Juristen in einer solchen Übergangsphase befanden. Bei einer Arbeitslosigkeit von einem Jahr oder länger muss von Langzeitarbeitslosigkeit[7] mit den sich daraus ergebenden Problemen hinsichtlich einer (Re-)Integration in das Berufsleben ausgegangen werden. In einer solchen Situation befanden sich 2005 20% der arbeitslosen Juristen. Auch in den Jahren davor schwankte dieser Anteil um 20%. Dies ist ein Indikator dafür, dass Arbeit suchende Juristen durchaus Chancen haben, eine Stelle zu finden.

[7] Diese Definition von Langzeitarbeitslosigkeit folgt der OECD, wonach „unter Langzeitarbeitlosen Erwerbspersonen zu verstehen (sind), die seit mindestens zwölf Monaten ununterbrochen arbeitslos sind." OECD (1987), S. 279.

Tab. 1: Arbeitslose Juristen nach Dauer der Arbeitslosigkeit

	Arbeitslose insgesamt	bis unter 6 Monate	Anteil in %	1/2 bis 1 Jahr	Anteil in %	1 bis unter 2 Jahre	Anteil in %	mehr als 2 Jahre	Anteil in %
1995	6.157	3.881	63%	1.090	18%	636	10%	550	9%
2000	5.397	3.152	58%	928	17%	636	12%	681	13%
2001	5.652	3.388	60%	988	18%	565	10%	641	12%
2002	7.596	4.964	66%	1.266	17%	684	9%	614	8%
2003	9.238	5.597	61%	1.899	20%	1.003	11%	708	8%
2004	9.855	5.650	57%	2.074	21%	1.254	13%	931	9%
2005	9.671	5.197	55%	2.324	25%	1.035	12%	714	8%

Quelle: Bundesagentur für Arbeit (ZAV), eigene Berechnungen

Die offizielle Arbeitsmarktstatistik ist allerdings nur bedingt aussagekräftig. So muss berücksichtigt werden, dass sich nicht alle Juristen ohne Beschäftigung arbeitslos melden. Die Meldung bei der Agentur für Arbeit unterbleibt häufig, um eine spätere negative Stigmatisierung zu vermeiden. Die hieraus resultierende Dunkelziffer arbeitsloser Juristen lässt sich nicht näher beziffern.

3. Innerer Strukturwandel der Anwaltschaft

Das quantitative Wachstum der Anwaltschaft fällt mit einem inneren Strukturwandel zusammen. Zwei Wandlungstendenzen sind besonders markant: Der kontinuierlich wachsende Anteil der Rechtsanwältinnen sowie die Tendenz zu stärkerer Spezialisierung.

3.1. Geschlechtsspezifischer Wandel

Ein wichtiger Aspekt des inneren Strukturwandels der Anwaltschaft ist der seit Jahrzehnten kontinuierlich anwachsende Frauenanteil. Damit stellt sich die Frage, wie eine erheblich größere Zahl Frauen in die juristischen Berufe integriert wird.[8] Im Rahmen dieser Studie ist es von Interesse zu verfolgen, ob Frauen im Anwaltsberuf zu gleichen Konditionen wie Männer beschäftigt werden, auf welche Weise unter veränderten Ansprüchen an die Vereinbarkeit von Beruf und Familie konkurrierende Lebensziele durch Frauen wie Männer miteinander in Einklang gebracht und ausgependelt werden und nicht zuletzt, wie sich Rechtsanwältinnen, die eigene Kanzleien gründen, in einem seit je männerdominierten Markt durchsetzen.

Im Einzelnen zeigt der Blick auf die Geschlechterverteilung der Studienanfänger im Bereich der Rechtswissenschaften die Nachhaltigkeit dieses geschlechtsspezifischen Wandels.[9] Während die Zahl der männlichen Studienanfänger in den Rechtswissenschaften nach einem Höchststand im Jahr 1994 sinkt, steigt die Zahl der Studentinnen, die ein Jurastudium aufnehmen, stetig an. 1997 schrieben sich erstmals mehr Frauen als Männer ein. Es ist also feststellbar, dass das rechtswissenschaftliche Studium immer weniger eine Männerdomäne ist.

Als Folge des steigenden Anteils weiblicher Jurastudenten verändert sich schrittweise auch das Geschlechterverhältnis in der Anwaltschaft. So ist seit 1970 der Anteil der Rechtsanwältinnen von 5 % auf 29 % angestiegen (Abb. 7).

---

[8] Vgl. zu diesem Themenkomplex für den Justizbereich Hassels, Hommerich (1993).

[9] Vgl. Statistisches Bundesamt (Hrsg.) (2005c).

Abb. 7: Langfristige Entwicklung des Frauenanteils in der Anwaltschaft

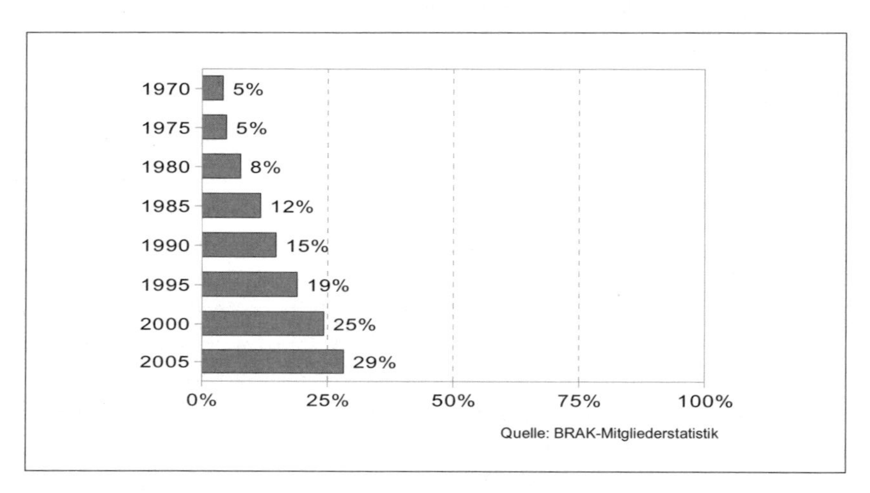

3.2. Innere Differenzierung – Fachanwaltschaft

Als Reaktion auf die zunehmende Komplexität des Rechts bilden sich – der Nachfrage folgend – immer mehr spezialisierte Kanzleien. Darüber hinaus suchen Rechtsanwältinnen und Rechtsanwälte angesichts der starken Konkurrenz auf dem Markt anwaltlicher Dienstleistungen Profil durch Spezialisierung. Diese Entwicklung wird die Anwaltschaft insgesamt fundamental verändern. Das Berufsbild der Rechtsanwälte verschiebt sich immer mehr vom Generalisten zum Spezialisten. Infolgedessen ändern sich auch die Strategien von Anwaltskanzleien, die sich – bestimmten Spezialitäten folgend – immer stärker auf einzelne Zielgruppen oder engere Marktsegmente ausrichten. Folge der Spezialisierung dürfte es außerdem sein, dass sich neue Kooperationsformen zwischen (vernetzten) Anwaltskanzleien bilden, die jeweils unterschiedliche strategische Schwerpunkte aufweisen und nur durch effektive Kooperationen eine ganzheitliche Mandantenbetreuung sicherstellen können.

Die Zunahme der Spezialisierung lässt sich anhand der Entwicklung der Fachanwaltschaften nachvollziehen. Die Zahl der Fachanwaltschaften hat sich von vier im Jahr 1997 auf mittlerweile 18 erhöht.[10] So kamen 1997 zu den bestehenden Fachanwaltschaften für Steuer-, Verwaltungs-, Arbeits- und Sozialrecht die Fachanwaltschaften für Familien- und Strafrecht hinzu. Im Jahr 2000 folgte die Fachanwaltschaft für Insolvenzrecht,[11] 2003 die Fachanwaltschaft für Versicherungsrecht.[12] Seit dem Jahr 2005 gibt es darüber hinaus Fachanwaltschaften für Medizinrecht, Miet- und Wohnungseigentumsrecht, Verkehrsrecht, Bau- und Architektenrecht, Erbrecht sowie Transport- und Speditionsrecht.[13] Im November 2005 beschloss die Satzungsversammlung bei der Bundesrechtsanwaltskammer zwei weitere Fachanwaltstitel (gewerblicher Rechtsschutz und Handels- und Gesellschaftsrecht). Mit den ersten Fachanwälten auf diesen Rechtsgebieten ist ab Mitte 2006 zu rechnen. Im April 2006 traten die Fachanwaltschaften für Urheber- und Medienrecht sowie für Informationstechnologierecht hinzu.

Abbildung 8 zeigt die prozentuale Entwicklung der Fachanwaltschaften seit 1960. Daraus geht hervor, dass sich der Anteil der Fachanwälte in den letzten zehn Jahren mehr als verdoppelt hat. Lag er 1995 bei 6,3%, führten im Jahr 2005 bereits 15% der Rechtsanwältinnen und Rechtsanwälte einen Fachanwaltstitel.

Eine besonders starke Zunahme der Fachanwaltstitel ist im Arbeitsrecht zu verzeichnen. Seit 1994 ist die Zahl der Fachanwälte für Arbeitsrecht um mehr als das Vierfache gestiegen (Abb. 9). Ähnlich stark, aber weitaus schneller gewachsen, ist die Gruppe der Fachanwälte für Familienrecht. Seit der Einführung des Fachanwaltes für Familienrecht im Jahr 1998 wuchs sie um das Fünffache. In absoluten Zahlen haben die Fachanwälte für Familienrecht (5.943) die Fachanwälte für Arbeitsrecht (5.948) im Jahr 2005 fast erreicht.

---

[10] § 43c BRAO, § 1 FAO (Stand 3.4.2006).

[11] Vgl. BRAK-Mitteilungen (1999), S. 122ff.

[12] Vgl. BRAK-Mitteilungen (2003), S. 125ff.

[13] Vgl. BRAK-Mitteilungen (2005), S. 77ff.

Abb. 8: Anteile der Fachanwälte an der Anwaltschaft insgesamt

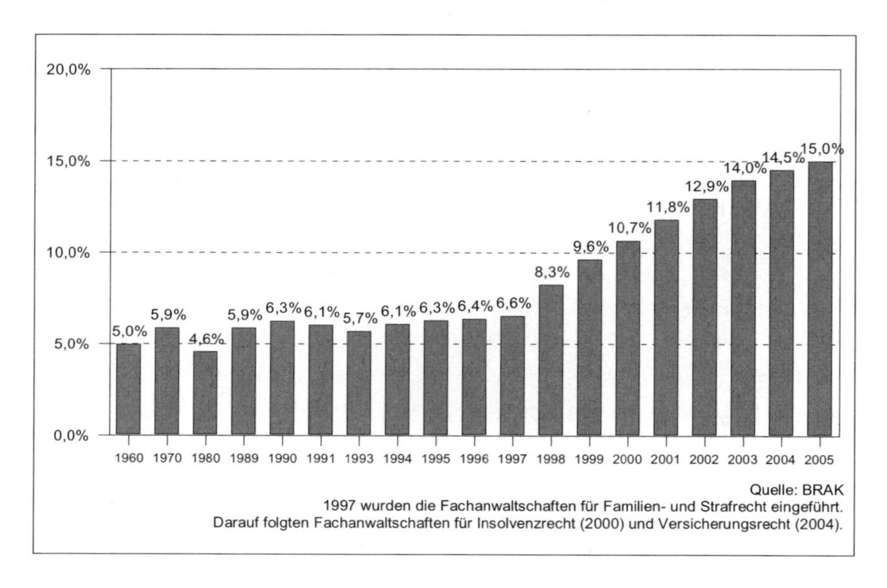

Quelle: BRAK
1997 wurden die Fachanwaltschaften für Familien- und Strafrecht eingeführt.
Darauf folgten Fachanwaltschaften für Insolvenzrecht (2000) und Versicherungsrecht (2004).

Abb. 9: Entwicklung der Fachanwaltschaften seit 1994

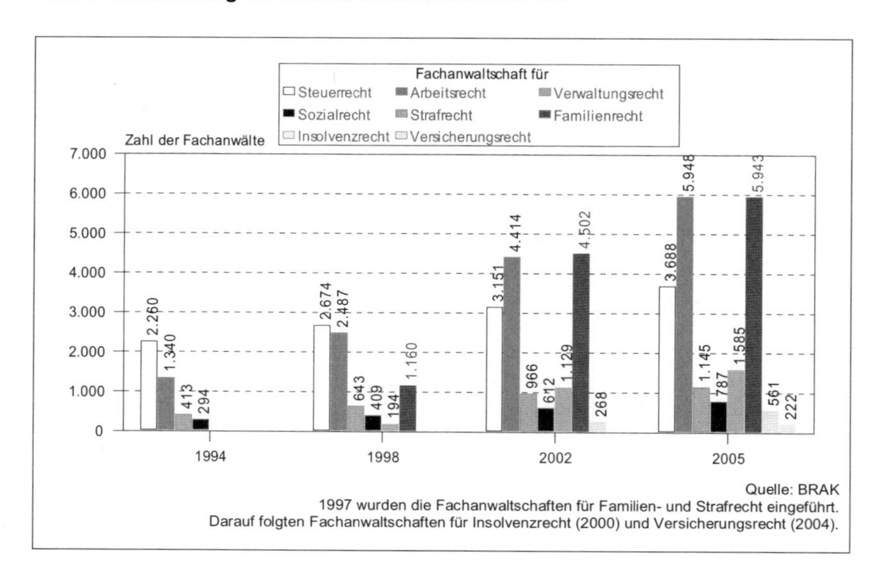

Quelle: BRAK
1997 wurden die Fachanwaltschaften für Familien- und Strafrecht eingeführt.
Darauf folgten Fachanwaltschaften für Insolvenzrecht (2000) und Versicherungsrecht (2004).

Im Familienrecht ist der Anteil der Fachanwältinnen vergleichsweise hoch. Während 2005 der Anteil der Rechtsanwältinnen an der gesamten Anwaltschaft 29% betrug, lag er bei der Fachanwaltschaft für Familienrecht bei 53 %.[14]

Insgesamt wird hier in der Tendenz erkennbar, dass sich die Spezialisierung der Rechtsanwälte mit einer sehr hohen Dynamik entwickelt. Diese Entwicklung wird aller Voraussicht nach von einer Verlagerung der Nachfrageströme in Richtung dieser Spezialisten begleitet werden. Bereits jetzt zeigt sich, dass die Einkommen der Fachanwälte über den Einkommen derer liegen, die keinen Fachanwaltstitel führen. Nach der STAR-Untersuchung 2001 verzeichnen Fachanwälte in der Regel einen um mindestens 25% höheren Umsatz als ihre Kollegen.[15] Auch eine Studie des Soldan Instituts für Anwaltmanagement zu anwaltlichen Vergütungsvereinbarungen zeigt, dass Fachanwälte bei Vergütungsvereinbarungen höhere Stundensätze durchsetzen können.[16]

---

[14] Der Anteil der Frauen an allen Fachanwälten betrug 2005 insgesamt 27%. Im Einzelnen lagen die Frauenanteile bei 11% im Steuerrecht, 13% im Verwaltungsrecht, 16% im Strafrecht, 53% im Familienrecht, 20% im Arbeitsrecht, 30% im Sozialrecht, 10% im Insolvenzrecht und 6% im Versicherungsrecht. (Quelle: BRAK, eigene Berechnungen).

[15] Vgl. Institut für Freie Berufe (2001), Huff (2005).

[16] Vgl. hierzu Hommerich, Kilian (2006).

4. Einkommenssituation

Eine präzise Einschätzung der Einkommenssituation von Rechtsanwälten ist nur schwer möglich, da repräsentative Daten fehlen.[17] Gewisse Rückschlüsse auf die Umsatzsituation von Anwaltskanzleien erlaubt die Umsatzsteuerstatistik, die jährlich vom Statistischen Bundesamt veröffentlicht wird.[18] Der Bereich „Rechtsberatung" wird in dieser Statistik als einer von mehreren Wirtschaftsbereichen erfasst.[19]

Die Umsatzsteuerstatistik gibt Auskunft über die Anzahl der registrierten umsatzsteuerpflichtigen Unternehmen sowie über deren jährliche Umsatzsteuervorauszahlungen.

Aus Abbildung 10 geht hervor, dass die in Rechtsanwaltskanzleien ohne und mit Notariat erzielten Jahresumsätze (ohne Umsatzsteuer) seit 1994 kontinuierlich gestiegen sind. Dies ist zunächst einmal ein Indikator für ein generelles Wachstum des Marktes der Rechtsdienstleistungen. Allerdings täuscht diese Betrachtung darüber hinweg, dass – wie bereits erwähnt – während dieser Periode die Anwaltschaft ein erhebliches Größenwachstum zu verzeichnen hat.[20]

Um dieses Größenwachstum allgemein berücksichtigen zu können, ist es sinnvoll, den im Bereich der Rechtsdienstleistungen erzielten Gesamtumsatz durch die Zahl der anwaltlichen Berufsträger zu dividieren.[21] Aus Abbildung 11 geht hervor, dass die so ermittelte Pro-Kopf-Größe seit 1994 kontinuierlich rückläufig ist.

---

[17] Die „STAR-Untersuchungen" zur Einkommenssituation der Rechtsanwälte des Instituts für Freie Berufe, Nürnberg, basieren auf einer Regionalstichprobe und weisen wegen der vergleichsweise gering ausgeprägten Beteiligungsbereitschaft der Rechtsanwälte Repräsentativitätsprobleme auf.

[18] http://www.destatis.de/themen/d/thm_finanzen.php.

[19] Es wird unterschieden in „Rechtsanwaltskanzleien mit Notariat", „Rechtsanwaltskanzleien ohne Notariat", „Notariat", „Patentanwaltskanzleien" sowie „sonstige Rechtsberatung". In letztgenannter Gruppe sind Tätigkeiten von Gerichtsvollziehern, Schiedsrichtern in Schlichtungsverfahren, Rechtsbeiständen, juristischen Prüfern und Sachverständigen und Rentenberatern zusammengefasst. Vgl. Statistisches Bundesamt (Hrsg.) (2005b).

[20] Vgl. hierzu Teil 1 Kap. 1.

[21] Vgl. hierzu auch Strobel (1987); Winters (1989); Hagenkötter (2003); Hagenkötter (2005).

Abb. 10: Umsatzsteuerpflichtige Unternehmen im Bereich Rechtsberatung

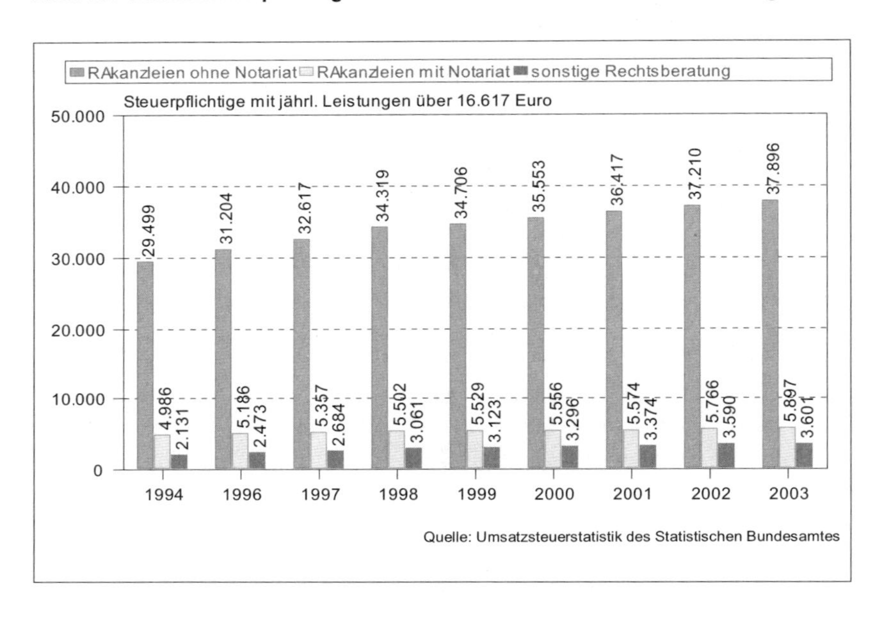

Abb. 11: Durchschnittlicher Jahresumsatz pro zugelassenem Rechtsanwalt

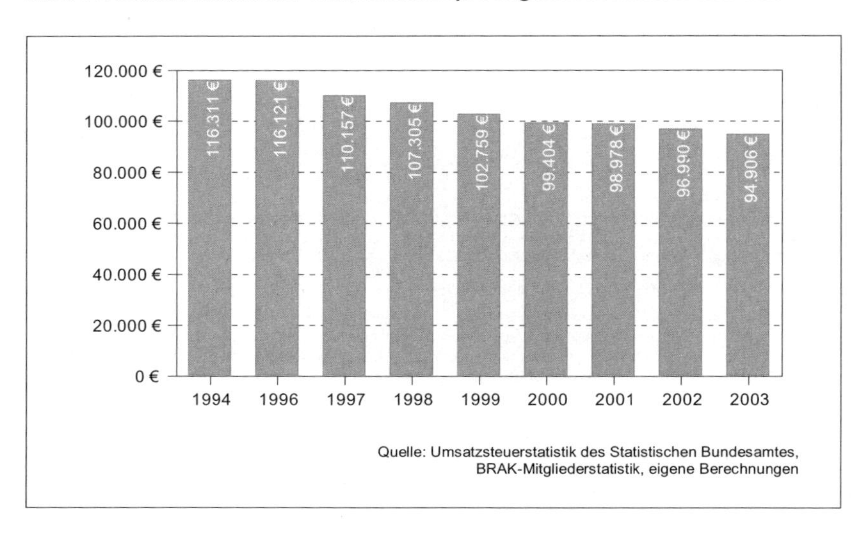

Allerdings sind diese Pro-Kopf-Kennzahlen aus unterschiedlichen Gründen nur mit höchster Vorsicht interpretierbar:

- In eine solche Berechnung fiktiver Pro-Kopf-Umsätze gehen auch solche Kanzleien ein, die Umsätze unterhalb der Schwelle von 16.620 € erwirtschaften.[22] Im Einzelnen ist hier zu denken an neu gegründete Kanzleien oder auch die Umsätze von Syndikusanwälten aus freier Anwaltstätigkeit, die unterhalb der Umsatzsteuerschwelle bleiben. Im Ergebnis führt die Nichtberücksichtigung dieser Umsätze zu einer systematischen Verzerrung in Richtung einer „zu niedrigen" Pro-Kopf-Kennzahl.

- Der Indikator „Pro-Kopf-Umsatz" wird systematisch auch dadurch verzerrt, dass Rechtsanwälte in die Berechnung einbezogen werden, die aus anwaltlicher Tätigkeit überhaupt keine Umsätze verzeichnen. Dies gilt für einen Teil der Syndikusanwälte, d.h. in Unternehmen oder Verbänden angestellter Volljuristen mit Anwaltszulassung.[23] Durch die Einbeziehung dieser Anwälte in die fiktive Pro-Kopf-Berechnung entsteht ebenfalls eine systematische Verzerrung des Ergebnisses in Richtung einer zu niedrigen Maßzahl.

- Darüber hinaus geben Pro-Kopf-Umsätze keine Aufschlüsse über den Strukturwandel innerhalb der Anwaltschaft, der sich etwa in vermehrter Teilzeittätigkeit von Anwältinnen und Anwälten, einem höheren Grad an Spezialisierung, steigenden Zahlen angestellter Anwälte, etc. umsatzwirksam niederschlägt. Dieser Strukturwandel wirkt auf die Pro-Kopf-Maßzahl uneindeutig. So führt eine vermehrte Teilzeitbeschäftigung zu einer niedrigeren Maßzahl, während eine höhere Effektivität und Effizienz von Spezialisten zu einer höheren Maßzahl führt.

- Schließlich kann die Umsatzsteuerstatistik definitionsgemäß keine Rückschlüsse über die Ertragslage der Kanzleien geben. Würde man allerdings relativ konstante Relationen zwischen Umsätzen und Erträgen bei den Kanzleien unterstellen, so

---

[22] Solche Kanzleien werden als Kleinunternehmen im Sinne von §19 I UStG betrachtet, die nicht umsatzsteuerpflichtig sind.

[23] Die quantitative Größenordnung der Zahl solcher formell zugelassenen Rechtsanwälte ohne nennenswerten Umsatz aus anwaltlicher Tätigkeit ist allerdings unbekannt.

würde sich mit steigenden Umsätzen auch pro Kanzlei die Ertragslage verbessern. Entsprechend würde sich die Ertragslage pro Kanzlei bei steigender Zahl von Kanzleien, aber gleich bleibendem Gesamtumsatz, verschlechtern.

Angesichts dieser einschränkenden Bedingungen kann anhand der Umsatzsteuerstatistik lediglich festgestellt werden, dass das Gesamtumsatzvolumen aus rechtsberatender Tätigkeit in Relation zur Gesamtheit der anwaltlichen Berufsträger stark rückläufig ist.

Die Umsatzsteuerstatistik gibt allerdings Hinweise auf den Umsatzanteil der rechtsbesorgenden Dienstleistungen am Umsatz der Gesamtwirtschaft. Aus Abbildung 12 geht hervor, dass dieser Umsatzanteil bei 0,3% liegt und damit bei einem Anteilswert, der bereits 1994 erreicht wurde. Gleichzeitig aber ist der Anteil der im Bereich der Rechtsbesorgung steuerpflichtigen Unternehmen an allen Unternehmen von 1,4% auf 1,7% gestiegen. Auch dies ist ein Indikator für eine Marktsättigung am Rechtsdienstleistungsmarkt.

Abb. 12: Entwicklung des Anteils der Umsatzsteuerpflichtigen in der Rechtsberatung an allen Umsatzsteuerpflichtigen im Vergleich zum Anteil am Gesamtumsatz

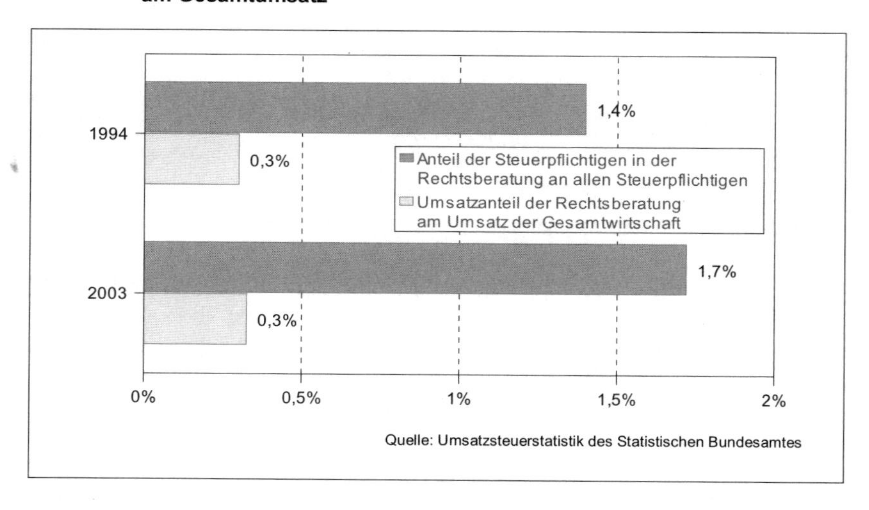

Quelle: Umsatzsteuerstatistik des Statistischen Bundesamtes

Abbildung 13 gibt einen Hinweis darauf, welche Kanzleien von dieser Stagnation betroffen sind. Die Betrachtung der steuerpflichtigen Umsätze (ohne Umsatzsteuer) nach Größenklassen der Kanzleien zeigt, dass beim Vergleich der Jahre 2000 bis 2003 kleinere Kanzleien bis 250.000 € Umsatz und größere Kanzleien ab 1 Mio. € Umsatz teilweise deutliche Umsatzzuwächse verzeichnen konnten, während die Umsätze mittlerer Kanzleien (250.000 € bis 1 Mio. € Umsatz) rückläufig waren oder sogar stagnierten. Die größten Steigerungen verzeichnen für diesen Vergleichszeitraum Kanzleien mit mehr als 5 Mio. € Umsatz pro Jahr.

Abb. 13: Umsatz in der Rechtsberatung nach Größenklassen

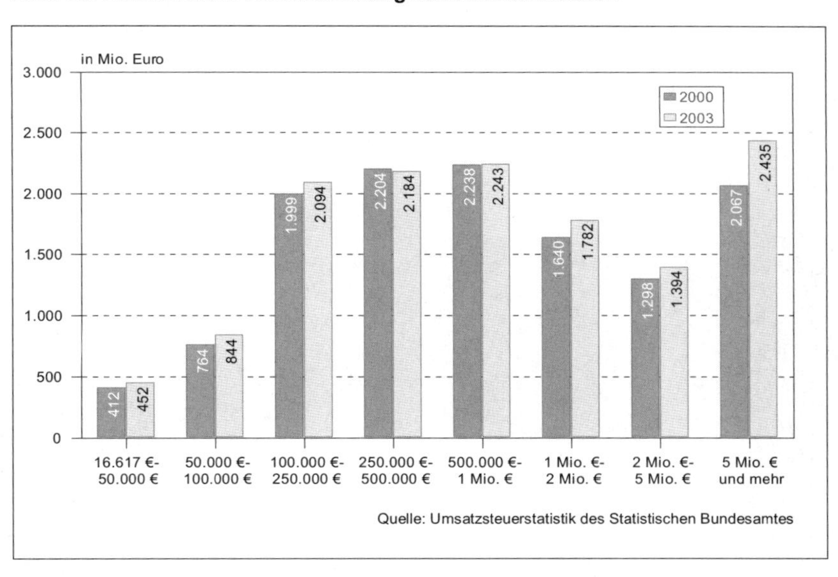

Es zeigt sich eine deutliche Tendenz in Richtung einer Umsatzverlagerung auf Großkanzleien, durch die offenkundig mittlere Kanzleien negativ betroffen sind.

Insgesamt liefert die Umsatzsteuerstatistik Hinweise darauf, dass der Markt für Rechtsdienstleistungen deutliche Sättigungstendenzen aufweist. Dies erklärt zum einen die besonderen Schwierigkeiten für Absolventen der juristischen Ausbildung, in Anwaltskanzleien eine Beschäftigung zu finden und zum anderen die hohe Arbeitslosigkeit unter jungen Juristen.

Teil 2: Die berufliche Situation junger Rechtsanwältinnen und Rechtsanwälte

1. Projektablauf der ersten Erhebungswelle

Die erste Erhebungswelle wurde im Oktober 2004 eingeleitet. Hierzu wurden dem Soldan Institut für Anwaltmanagement von den Rechtsanwaltskammern 8.629 Adressen[24] der 2003 bei den Kammern neu zugelassenen Rechtsanwälte zur Verfügung gestellt. Aus dieser Grundgesamtheit wurde eine 30%-Zufallsstichprobe gezogen, welche den Kammergrößen entsprechend gewichtet wurde.

Zwischen Oktober 2004 und Januar 2005 wurden 2.588 Rechtsanwältinnen und Rechtsanwälte angeschrieben, von denen sich insgesamt 593 an der Befragung beteiligten. Dies entspricht einer Rücklaufquote von 25,9%.[25]

Da es sich bei der vorliegenden Studie um eine Panelbefragung handelt, also um eine Untersuchungsanordnung, die an denselben Personen dieselben Variablen zu verschiedenen Zeitpunkten erhebt,[26] wurden die Fragebögen mit einer Kennung versehen, um eine Verknüpfung der Datensätze aus verschiedenen Befragungswellen zu ermöglichen. Obwohl die erhobenen Daten lediglich in anonymisierter Form dargestellt werden und sich das Soldan Institut für Anwaltmanagement in einem umfassenden Datenschutzkonzept zum sorgsamen Umgang mit den Daten verpflichtet (vgl. das Datenschutzkonzept des Instituts auf www.soldaninstitut.de), hatte dennoch eine Anzahl der kontaktierten Anwälte datenschutzrechtlich motivierte Bedenken, an der Befragung teilzunehmen. Auch die Ankündigung wiederholter Befragungen hielt eigenen Angaben zufolge einige Anwälte von der Teilnahme ab. Vor diesem Hintergrund und im Hinblick

---

[24] In dieser Zahl sind alle neu zugelassenen Anwälte erfasst, d.h. auch solche, die zu einem relativ späten Zeitpunkt ihrer beruflichen Karriere eine Anwaltszulassung beantragen (z.B. ehemalige Richter oder Manager). Darüber hinaus enthält die Zahl einen gewissen Prozentsatz von Anwälten, die lediglich den Kammerbezirk wechselten (Ungleichzeitigkeit der Bereinigung der Statistik).

[25] Die Grundgesamtheit wurde bereinigt um Rechtsanwälte mit falschen oder nicht mehr aktuellen Adressangaben (188), Rechtsanwälte, die in einem anderen Kammerbezirk neu zugelassen wurden, nicht aber erstmalig oder die aus anderen Gründen keine typischen Einsteiger waren (80), Personen, die nicht mehr als Rechtsanwälte tätig waren (20) und Rechtsanwälte, die lediglich im Ausland tätig waren (8). Bereinigte Basis: 2.292 Rechtsanwältinnen und Rechtsanwälte.

[26] Vgl. Schnell, Hill, Esser (1992), S. 254.

auf den umfangreichen Fragebogen[27] ist die Rücklaufquote von 25,9% als überdurchschnittlich gut anzusehen.

Unmittelbar im Anschluss an die Feldphase wurden diejenigen, die sich nicht an der Befragung beteiligt hatten, gebeten, ihre Gründe für die Nichtteilnahme mitzuteilen. An dieser Nachbefragung beteiligten sich 281 Anwälte.

Eine Auswertung ergab folgendes Bild: 28% erteilten aus Zeitgründen eine Absage und 18% verweigerten die Teilnahme. 14% verneinten die Teilnahme, da sie bereits länger als fünf Jahre die Zulassung zum Rechtsanwalt hatten. 13% äußerten datenschutzrechtliche Bedenken. 12% der Absagen wurden mit der Ankündigung wiederholter Befragungen begründet. 12% waren zum Zeitpunkt der Befragung nicht mehr hauptberuflich als Rechtsanwalt tätig. Acht Prozent der Nichtteilnehmer gaben als Grund für die Absage an, dass ihr Verbleib in der Anwaltschaft noch fraglich sei. Sechs Prozent der Befragten gaben an, zu alt zu sein, um als typischer Berufseinsteiger gewertet zu werden.

[27] Es wurden zwei unterschiedliche Fragebögen entwickelt und an jeden Rechtsanwalt verschickt. Einer richtete sich an selbständige Rechtsanwälte und Partner in eigener Kanzlei, der andere an angestellte Rechtsanwälte, freie Mitarbeiter und Syndikusanwälte.

2. Generelle Charakteristika der jungen Anwaltschaft

Für ein besseres Verständnis der spezifischen Probleme des Berufseinstiegs junger Rechtsanwältinnen und Rechtsanwälte ist es sinnvoll, zunächst allgemeine Charakteristika der jungen Anwaltschaft herauszuarbeiten. Zu der auf diese Weise ermittelten Struktur der untersuchten Gruppe gehören im Einzelnen die Charakterisierung nach Art der Berufsausübung, nach der Geschlechterverteilung, der Dauer des vorangegangenen Studiums und der Examensergebnisse, eventuell erworbenen Zusatzqualifikationen sowie nach Ausübung von Tätigkeiten neben ihrem Beruf als Rechtsanwalt.

2.1. Art der Berufsausübung

Die junge Anwaltschaft ist heterogen zusammengesetzt (Abb. 14). Rund ein Drittel der jungen Rechtsanwältinnen und Rechtsanwälte wählt den Weg in die Selbständigkeit. 42% beginnen ihre berufliche Laufbahn in einem festen Angestelltenverhältnis. 11% werden zunächst als freie Mitarbeiter tätig und 13% der Befragten starten als Syndikusanwälte bei Unternehmen oder Verbänden in den Beruf.

Abb. 14: Art der Berufsausübung

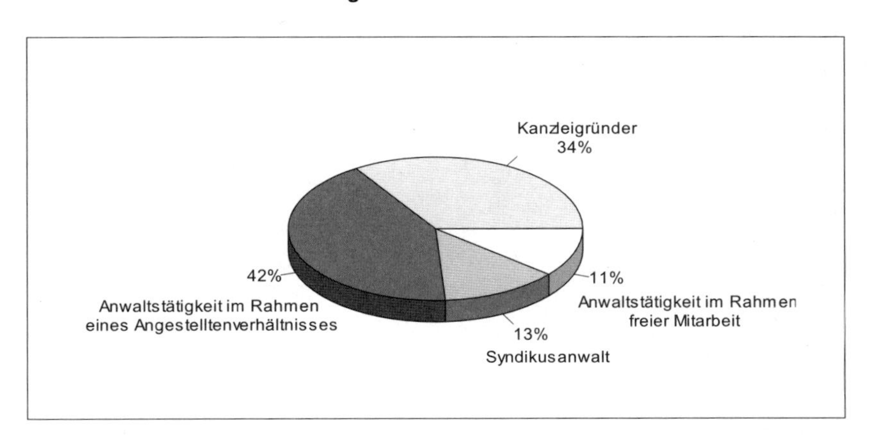

Verglichen mit der jungen Anwaltschaft im Jahr 1997 gibt es 2004 einen deutlich geringeren Anteil freier Mitarbeiter (Abb. 15). War 1997 noch knapp jeder fünfte Junganwalt (22%) im Rahmen freier Mitarbeit tätig, so ist es 2004 nur noch knapp jeder zehnte

(11%). Wesentlicher Grund für diesen Trend weg vom freien Mitarbeiter und hin zum angestellten Rechtsanwalt dürfte die verstärkte Sensibilisierung von Kanzleien für die rechtlichen Implikationen der Beschäftigung sog. arbeitnehmerähnlicher selbständiger Mitarbeiter („Scheinselbständiger") sein. Hier hat das vom 1.1.1999 bis 31.12.2002 geltende Gesetz zur Bekämpfung der Scheinselbständigkeit möglicherweise für einen gewissen Bewusstseinswandel gesorgt, da es einen starren Kriterienkatalog für die Überprüfung der Arbeitnehmereigenschaft an die Hand gab. Wie nachhaltig dieser Trend ist, bleibt abzuwarten, da das „Zweite Gesetz für moderne Dienstleistungen am Arbeitsmarkt" (Hartz II)[28] diesen Katalog wieder abgeschafft hat.

Abb. 15: Art der Berufsausübung 1997 / 2004

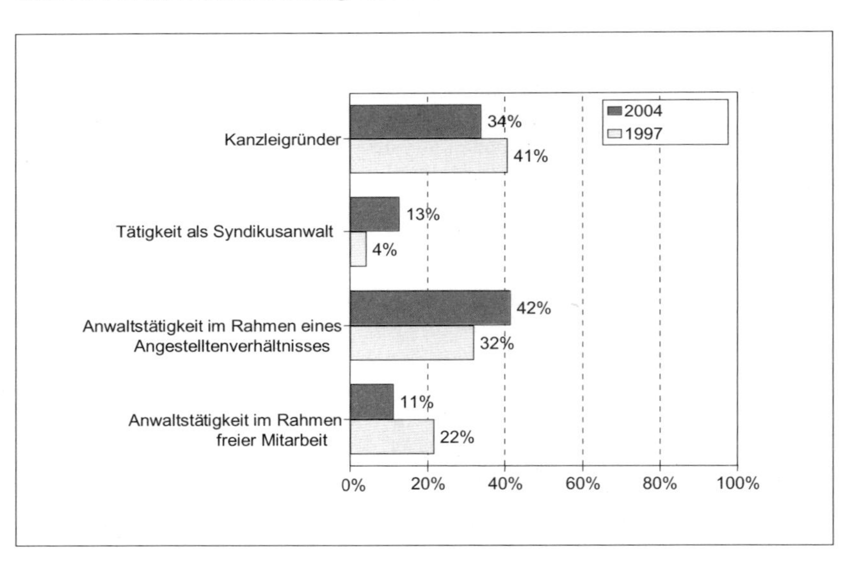

Auch der Anteil der Kanzleigründer hat sich im Vergleich zu 1997 verringert. Der Rückgang beträgt sieben Prozent. Dabei ist die Zahl der Einzelkanzleigründer im Verhältnis

[28] Zweites Gesetz für moderne Dienstleistungen am Arbeitsmarkt vom 23. Dezember 2002, BGBl. I 2002, 4621.

zu den Sozietätsgründern geringer gesunken.[29] Insgesamt weist die abnehmende Zahl der Kanzleigründer auf eine sinkende Risikobereitschaft der jungen Anwaltschaft und eine zunehmende Unsicherheit bei Existenzgründungen hin.

Junge Berufseinsteiger üben den Anwaltsberuf heute häufiger in einer Festanstellung aus. Der Anteil in Kanzleien angestellter Rechtsanwälte unter den Berufseinsteigern ist innerhalb der letzten sieben Jahre von 32% auf 42% gestiegen. Auch Syndikusanwälte bilden heute einen höheren Anteil an der jungen Anwaltschaft als 1997.[30] Ihre Zahl hat sich mehr als verdreifacht. Nicht zuletzt dürfte dieses starke Wachstum der Syndici zu der Intensivierung der Bemühungen der Sozialversicherungsträger geführt haben, die Befreiung von der gesetzlichen Sozialversicherungspflicht deutlich strenger zu handhaben als in der Vergangenheit.[31] Dies kann für die Zukunft zu einer Abnahme des Anteils der Syndici an der Gesamtanwaltschaft führen, da eine Hauptmotivation für die Zulassung der Wechsel aus der gesetzlichen Rentenversicherung in ein anwaltliches Versorgungswerk ist.

Ein starker Zuwachs ist insbesondere bei den angestellten Rechtsanwälten in Sozietäten zu verzeichnen (Abb. 16). Ihr Anteil stieg von 19% in 1997 auf 33% im Jahr 2004.[32] Sie stellen somit die größte Gruppe in der jungen Anwaltschaft dar. Diese strukturelle Veränderung muss vor dem Hintergrund der Zunahme größerer Sozietäten betrachtet werden (Abb. 17). Arbeitete ein Viertel der Befragten, die in Sozietäten angestellt sind, Ende der 90er Jahre in Sozietäten mit zehn und mehr Sozien,[33] so stieg dieser Anteil im Jahre 2004 leicht auf 28% an.

---

[29] Der Begriff Sozietät wird im Rahmen der Studie rechtsformneutral verwendet. Er umfasst Berufsausübungsgesellschaften beliebiger Rechtsform (GbR, PartG, GmbH und AktG).

[30] Sie sind nach der sog. „Doppelberufstheorie“ des BGH im Rahmen ihrer Anstellung in einem Unternehmen oder Verband nicht anwaltlich tätig und üben ihren Anwaltsberuf lediglich außerhalb des Anstellungsverhältnisses aus; näher Kilian (2005), S. 849ff.

[31] Vgl. Kilian (2005), S. 853.

[32] Vgl. Hommerich (2001a), S. 38.

[33] Vgl. Hommerich (2001a), S. 39.

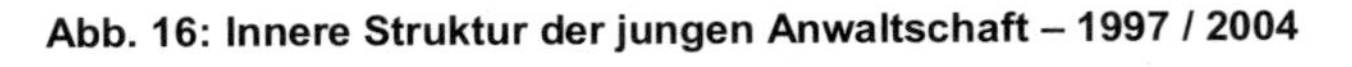

Abb. 16: Innere Struktur der jungen Anwaltschaft – 1997 / 2004

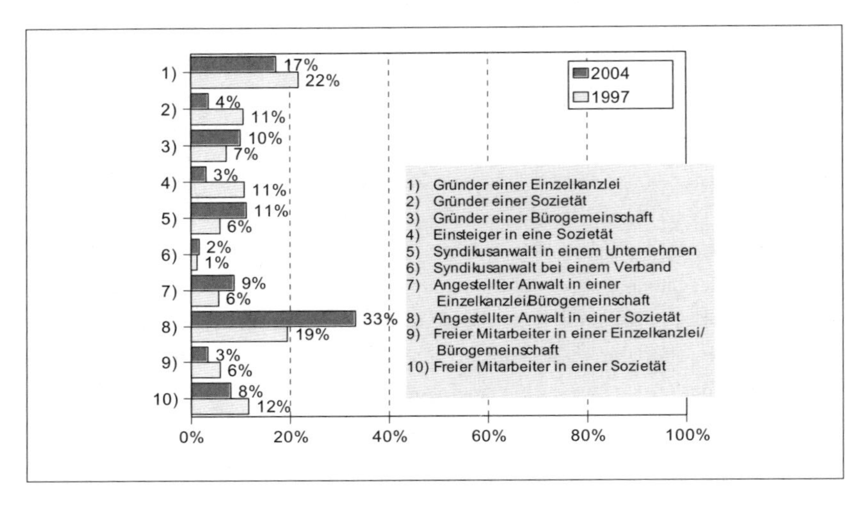

Abb. 17: Größe der Sozietäten, in denen angestellte Rechtsanwälte beschäftigt sind

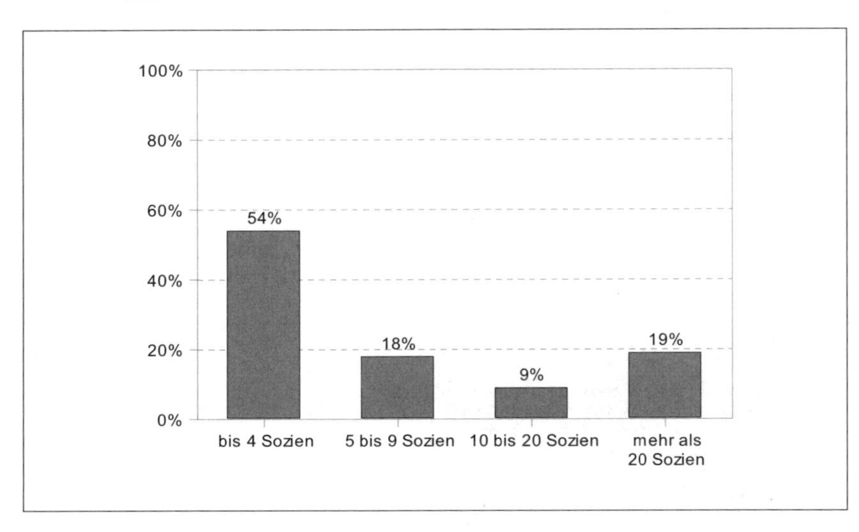

Insgesamt zeigt das Ergebnis eine Zunahme fester Anstellungen bei Abnahme freier Mitarbeiterstellen. Diese Entwicklung ist wohl der Reaktion der beschäftigenden Kanzleien auf das Korrekturgesetz zur Verhinderung der Scheinselbständigkeit von 1999[34] geschuldet. Dieses Gesetz dürfte die Sensibilisierung von Kanzleien bei der Beschäftigung von sog. arbeitnehmerähnlichen Selbständigen verbessert und zu einer größeren Zurückhaltung bei der Zusammenarbeit mit freien Mitarbeitern geführt haben. Im Endeffekt werden mehr anwaltliche Kanzleimitarbeiter als versicherungspflichtige Arbeitnehmer eingestellt und angemeldet. Von einer Abschaffung der freien Mitarbeiter kann jedoch keine Rede sein.[35]

2.2. Geschlechterverteilung

40% der jungen Anwaltschaft sind weiblich. Hinsichtlich der Art der Berufsausübung zeigen sich zwischen den Geschlechtern keine signifikanten Unterschiede. Rechtsanwälte sind im Vergleich zu ihren weiblichen Kollegen fast ebenso häufig angestellt tätig (42% gegenüber 41%). Rechtsanwältinnen üben den Anwaltsberuf leicht häufiger als Syndikusanwältinnen aus (14% gegenüber 12%).

2.3. Studiendauer

Im Durchschnitt haben die befragten Rechtsanwältinnen und Rechtsanwälte 9,4 Semester bis zum ersten juristischen Staatsexamen studiert. Dieser Wert liegt unter den in den Jahren 2002 bis 2004 ermittelten durchschnittlichen Studienzeiten aller Examenskandidaten. Sie studierten durchschnittlich 9,6 Semester (ohne Wiederholer) bzw. 10,5 Semester (mit Wiederholern).[36]

Je nach Anwaltstyp ergeben sich signifikante Unterschiede. Die in Sozietäten angestellten Rechtsanwälte weisen die kürzeste Studiendauer von durchschnittlich 8,8 Se-

---

[34] Gesetz zu Korrekturen in der Sozialversicherung und zur Sicherung der Arbeitnehmerrechte vom 19. Dezember 1998, BGBl. I 1998, 3843. Das Gesetz trat zum 1. Januar 1999 in Kraft.

[35] Kilger (2000), und darüber hinaus Kilger (1992), Kilger (1999), Henssler (2000), Moll und Streck (2001). Zu vertraglichen Vereinbarungen mit Mitarbeitern vgl. Riebe (2001), S. 187ff.

[36] Vgl. Bundesministerium der Justiz, Referat RB6, Ausbildungsstatistik 2002, 2003, 2004.

mestern auf. Angestellte Anwälte und freie Mitarbeiter in Einzelkanzleien und Bürogemeinschaften haben im Schnitt ein Semester länger studiert. Die vergleichsweise längste Studiendauer von 10 Semestern ist für die selbständigen Einzelanwälte zu verzeichnen.

Tab. 2: Durchschnittliche Studiendauer bis zum ersten juristischen Staatsexamen

Anwaltstyp	durchschnittliche Studiendauer bis zum ersten juristischen Staatsexamen (in Semestern)
Einzelanwälte	10
Gründer Sozietät	9,7
Einsteiger in eine Sozietät	9,2
angestellte Rechtsanwälte in Sozietäten	8,8
angestellte Rechtsanwälte in Einzelkanzleien / Bürogemeinschaften	9,9
Syndikusanwälte	9,3
freie Mitarbeiter in Sozietäten	9,2
freie Mitarbeiter in Einzelkanzleien / Bürogemeinschaften	9,8

$p<=0,05$

Rechtsanwältinnen studierten mit durchschnittlich 9,2 Semestern in dieser ersten Studienphase etwas schneller als ihre männlichen Kollegen (9,6 Semester).

2.4. Examensergebnisse

Die Durchschnittsnoten[37] beider Staatsexamina variieren deutlich nach Anwaltstyp (Tab. 3).

- Die besten Noten weisen die in Sozietäten angestellten Rechtsanwälte auf. Differenziert man weiter nach Sozietätsgrößen, so wird deutlich, dass die Kanzlei-

[37] Bei der Errechnung der durchschnittlichen Examensergebnisse wurden die folgenden Notenwerte vergeben: sehr gut, gut = 1, vollbefriedigend = 2, befriedigend = 3, ausreichend = 4.

en mit mehr als 10 Sozien die mit Abstand am besten qualifizierten angestellten Anwälte und freien Mitarbeiter beschäftigen.[38]

- Die Gründer von Sozietäten und Einzelkanzleien erreichen durchschnittlich deutlich schlechtere Ergebnisse als die angestellten Anwälte in Sozietäten.
- Auffallend ist auch die Notendifferenz zwischen den freien Mitarbeitern aus Sozietäten und denen aus Einzelkanzleien oder Bürogemeinschaften. Es zeigt sich, dass die Durchschnittsnoten der Sozietätsmitarbeiter signifikant besser sind als die der Mitarbeiter in Einzelkanzleien.

Tab. 3: Noten in den Staatsexamina nach Anwaltstyp

Anwaltstyp	durchschnittliche Note im ersten juristischen Staatsexamen	durchschnittliche Note im zweiten juristischen Staatsexamen	Doppelprädikat
Einzelanwälte	3,3	3,5	3%
Gründer Sozietät	3,3	3,4	10%
Einsteiger Sozietät	3	3	11%
angestellte Rechtsanwälte in Sozietäten	2,3	2,5	25%
angestellte Rechtsanwälte in Einzelkanzleien / Bürogemeinschaften	3,1	3,2	8%
Syndikusanwälte	3,2	3	5%
freie Mitarbeiter in Sozietäten	3	3	13%
freie Mitarbeiter in Einzelkanzleien / Bürogemeinschaften	3,3	3,4	0%

$p<=0,05$

[38] Die Noten angestellter Rechtsanwälte aus Sozietäten mit bis zu 10 Sozien liegen durchschnittlich bei 2,8 im 1. und 2. Staatsexamen. Angestellte Rechtsanwälte aus Sozietäten mit mehr als 10 Sozien erzielen im Schnitt die Note 1,6 im 1. und die Note 2,0 im 2. Staatsexamen. Freie Mitarbeiter aus Sozietäten mit bis zu 10 Sozien erreichen eine 3,2 in beiden Staatsexamina, während freie Mitarbeiter aus Sozietäten mit mehr als 10 Sozien in beiden Prüfungen deutlich besser abschneiden (1,8 in beiden Staatsexamina).

Damit wird insgesamt erkennbar, dass, gemessen an den Ausbildungsnoten, Sozietäten die formal besser qualifizierten Assessoren rekrutieren können.

Insgesamt können 12% der Rechtsanwältinnen und Rechtsanwälte ihr Studium mit einem Doppelprädikat, d.h. einer Prädikatsnote („vollbefriedigend", „gut" oder „sehr gut") sowohl im ersten als auch im zweiten juristischen Staatsexamen, abschließen.[39]

Differenziert nach Anwaltstyp ergibt sich folgendes Bild:

- Ein Viertel der angestellten Anwälte in Sozietäten erreicht in den Examina ein Doppelprädikat. Im Vergleich dazu können dies lediglich acht Prozent der in Einzelkanzleien und Bürogemeinschaften angestellten Anwälte erreichen.
- Auch unter den freien Mitarbeitern ist die Differenz eindeutig: Während 13% der Rechtsanwälte aus Sozietäten ein Doppelprädikat vorweisen können, ist dies bei keinem der befragten freien Mitarbeiter aus Einzelkanzleien oder Bürogemeinschaften der Fall. Letztere schneiden in dieser Hinsicht von allen Befragten am schlechtesten ab.
- Ebenfalls ergeben sich signifikante Unterschiede zwischen den einzelnen Kanzleigründern: Während 11% der Einsteiger in Sozietäten und 10% der Sozietätsgründer ein Doppelprädikat im Studium erwerben, trifft dies lediglich auf drei Prozent der Einzelanwälte zu.

Dieses Ergebnis bestätigt die Tendenz, dass in Sozietäten angestellte Rechtsanwälte – zumindest nach formalen Kriterien – besser qualifiziert sind als ihre Kollegen aus Einzelkanzleien und Bürogemeinschaften. Auch in der Gruppe der Neugründer besteht die Tendenz, dass Rechtsanwälte aus Sozietäten besser qualifiziert sind als die Gründer von Einzelkanzleien.

[39] Der Anteil der Examenskandidaten, der die erste juristische Staatsprüfung mit einem Prädikatsexamen bestand, lag in den Jahren 2001 - 2004 zwischen 20,7% und 21,8% (BMJ Ausbildungsstatistik 2001, 2002, 2003, 2004). Hieraus folgt, dass rund 55% der jungen Rechtsanwälte, die das erste Staatsexamen mit Prädikat bestehen, auch im zweiten Staatsexamen mit der Note vollbefriedigend oder besser abschneiden.

Die Ergebnisse werden durch eine Umfrage des Trendence Instituts für Personalmarketing unterstützt. Ergebnisse eines Absolventenbarometers speziell für Absolventen im Rechtsbereich aus dem Jahr 2004 zeigen, dass so genannte „High Potentials“ – Studierende, Referendare und Volljuristen mit überdurchschnittlichen Abiturnoten und Examensergebnissen – die Großkanzlei als bevorzugte Organisationsform für den Start ins Berufsleben sehen.[40] Insgesamt 32% der Befragten äußern diese Vorliebe. Nur ein Prozent der Umfrageteilnehmer nennt ihre Arbeit in eigener Kanzlei oder eigenem Unternehmen als Wunschtätigkeit nach Ende des Studiums. Als beliebter Arbeitgeber wird von dieser „Elite der Juristen“ am häufigsten das Auswärtige Amt genannt (40%). Es folgen auf den oberen Rängen große internationale Sozietäten, aber auch Großunternehmen.[41]

Im Vergleich zu ihren männlichen Kollegen haben Rechtsanwältinnen die juristischen Staatsprüfungen signifikant seltener mit einem Prädikatsexamen abgeschlossen. Ihre durchschnittlichen Examensergebnisse bleiben leicht hinter denen der Rechtsanwälte zurück. Rechtsanwältinnen absolvieren ihr erstes juristisches Staatsexamen mit der Durchschnittsnote 3,2 schlechter als ihre männlichen Kollegen (Durchschnitt: 3,0). Der Anteil der jungen Rechtsanwältinnen, die in der ersten juristischen Staatsprüfung einen Prädikatsabschluss erlangt haben, liegt 11% unter dem Vergleichswert der Rechtsanwälte (27%) (Abb. 18).[42]

---

[40] Vgl. Trendence Institut für Personalmarketing (Hrsg.) (2004). 2.500 Absolventen von 50 verschiedenen Hochschulen wurden online befragt. In der Stichprobe waren nur Absolventen enthalten, die eine bestimmte Anforderung an Notendurchschnitt und andere Erfahrungen erfüllten, so dass die Stichprobe ausschließlich hoch qualifizierte Absolventen umfasste (Trendence 2005). Das Berliner Forschungsinstitut hat sich auf empirische Forschungsprojekte im Kontext der beruflichen Orientierung junger Menschen spezialisiert und führt seit 1999 regelmäßig Umfragen unter Abiturienten, Hochschulstudenten und jungen Berufseinsteigern durch.

[41] Ob sich die Präferenzen dieser überdurchschnittlich qualifizierten Juristen auf diejenigen mit durchschnittlichen oder schlechteren Abschlussnoten übertragen lassen, ist fraglich.

[42] Die Examensnoten wurden über Noten „sehr gut“, „gut“, „vollbefriedigend“, „befriedigend“ und „ausreichend“ erfasst. Die in Abb. 18 dargestellten Noten setzen sich wie folgt zusammen: Prädikat = sehr gut, gut, vollbefriedigend, befriedigend = befriedigend, ausreichend = ausreichend.

Abb. 18: Note im ersten juristischen Staatsexamen nach Geschlecht

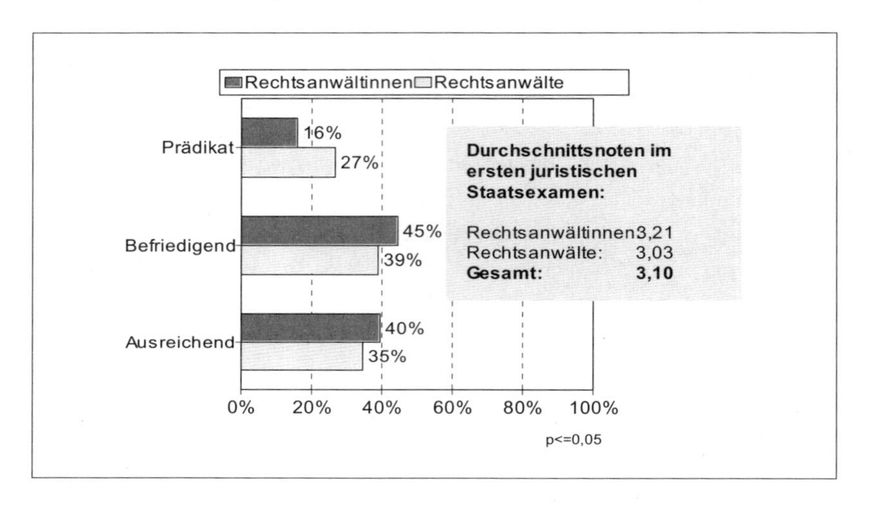

Abb. 19: Note im zweiten juristischen Staatsexamen nach Geschlecht

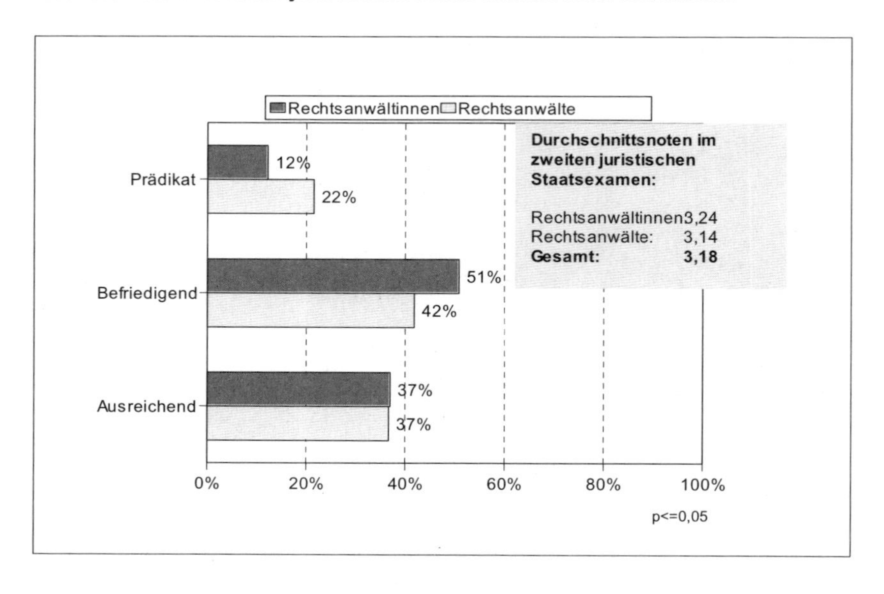

Signifikante Notenunterschiede zwischen den Geschlechtern sind auch im zweiten juristischen Staatsexamen feststellbar. Der Anteil der Prädikatsexamina liegt bei den weiblichen Mitgliedern der jungen Anwaltschaft mit 12% ebenfalls deutlich unter dem ihrer männlichen Kollegen (22%) (Abb. 19).

Die Examensergebnisse der jungen Anwaltschaft haben sich im Vergleich zu 1997 leicht verbessert (Abb. 20). Der Anteil der Rechtsanwältinnen und Rechtsanwälte, die die erste juristische Staatsprüfung mit Prädikat abgeschlossen haben, bleibt fast gleich (von 23% auf 22%). Der Anteil derjenigen, die das erste Examen mit „Befriedigend" absolvieren, ist von 33% (1997) auf 41% (2004) gestiegen. Der Anteil der Rechtsanwälte mit einem Prädikat im zweiten juristischen Staatsexamen stieg von 12% auf 17%. In diesen Ergebnissen deutet sich an, dass in den letzten Jahren die Kanzleien bei einer insgesamt stark zurückhaltenden Einstellungspolitik die Chance hatten, überwiegend gut und sehr gut qualifizierte Bewerber einzustellen.

Abb. 20: Noten im ersten und zweiten juristischen Staatsexamen – 1997 / 2004

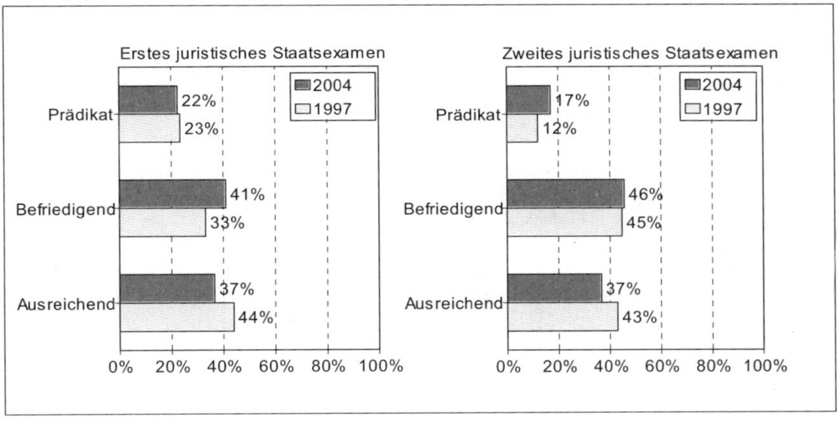

Erstes juristisches Staatsexamen
2004
1997
Prädikat
22%
23%
Befriedigend
41%
33%
Ausreichend
37%
44%
0% 20% 40% 60% 80% 100%

Zweites juristisches Staatsexamen
2004
1997
Prädikat
17%
12%
Befriedigend
46%
45%
Ausreichend
37%
43%
0% 20% 40% 60% 80% 100%

2.5. Zusatzqualifikationen

Es gibt eine Reihe von Qualifikationen, die neben den Examensergebnissen wichtige Indikatoren für die Leistungsfähigkeit von Rechtsanwälten sind. Dazu gehören etwa eine Promotion, Sprachkenntnisse, Auslandsaufenthalte während des Studiums oder Abschlüsse eines Aufbaustudium (z. B. LL.M., M.B.L.).

- Die große Mehrheit der jungen Anwaltschaft (60%) verfügt über keine Zusatzqualifikation (Abb. 21).

- 12% der jungen Anwaltschaft waren zum Zeitpunkt der Befragung zum Dr. jur. promoviert. Weitere 11% schrieben an ihrer Doktorarbeit.

- Insgesamt 24% der Junganwälte verfügen eigenen Angaben zufolge über andere beruflich bedeutsame Zusatzqualifikationen. Acht Prozent von ihnen haben einen Abschluss zum „Master of Laws" (LL.M.) erlangt. Weitere Zusatzqualifikationen der Rechtsanwälte sind der Besuch von Fachanwaltslehrgängen (vier Prozent), Sprachkenntnisse, fachfremde Studienabschlüsse, kaufmännische Ausbildungen oder wirtschaftswissenschaftliche Kenntnisse (je zwei Prozent).[43]

Abb. 21: Promotion und andere beruflich bedeutsame Zusatzqualifikationen

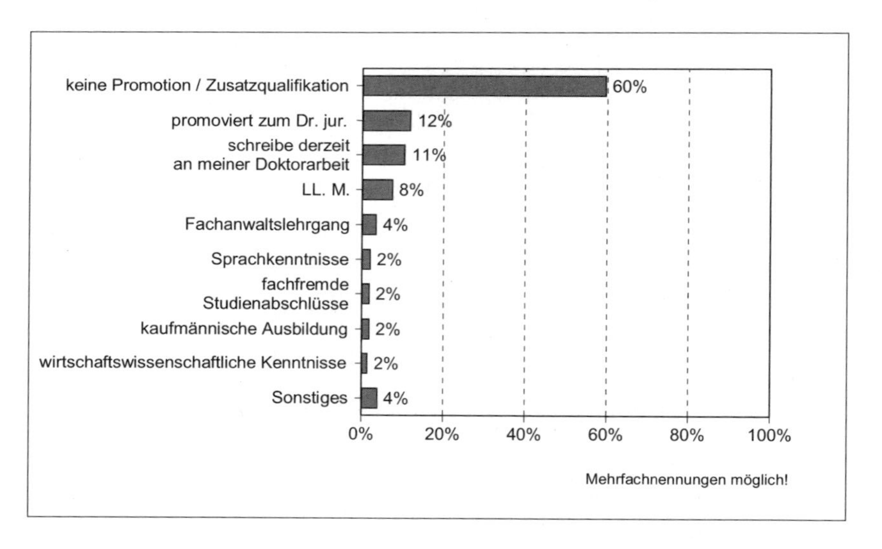

---

[43] Eine Differenzierung der Zusatzqualifikationen neben der Promotion nach Anwaltstypen ist aufgrund zu geringer Fallzahlen nicht möglich.

2.6. Ausübung von Nebentätigkeiten

Um die junge Anwaltschaft umfassend zu beschreiben, muss neben Ausbildung und Qualifikation auch ein Blick auf die Ausübung weiterer Tätigkeiten neben dem Anwaltsberuf geworfen werden. Solche weiteren Tätigkeiten sind ein Indikator dafür, ob die jungen Anwälte aus ihrer Anwaltstätigkeit auskömmlich leben können. 18% der Rechtsanwälte geben an, ihre anwaltliche Tätigkeit mit einer weiteren Tätigkeit zu kombinieren (Abb. 22). Dieser Anteil liegt deutlich unter dem Wert von 1997, als knapp ein Drittel (30%) der jungen Anwaltschaft eine weitere Tätigkeit neben dem Anwaltsberuf ausübte.

Abb. 22: Ausübung einer weiteren Tätigkeit neben dem Anwaltsberuf (ohne Syndikusanwälte)

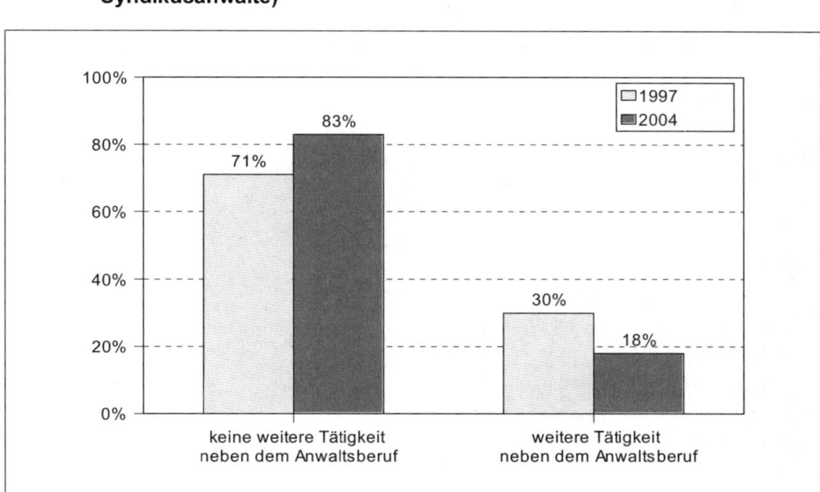

Differenziert nach Anwaltstyp zeigt sich folgendes Bild:

- Vor allem Einzelanwälte kombinieren ihre Anwaltstätigkeit mit einer weiteren Beschäftigung. Jeder Dritte von ihnen übt eine Nebentätigkeit aus (Tab. 4), wohingegen 15% Sozietätsgründer und lediglich sechs Prozent der Einsteiger in Sozietäten einer Nebentätigkeit nachgehen.

- Auffallend ist der deutliche Unterschied zwischen den freien Mitarbeitern in Sozietäten und denen in Einzelkanzleien oder Bürogemeinschaften: Während von ersteren 11% einer weiteren Tätigkeit nachgehen, sind es bei letzteren mehr als dreimal so viele (37%). Die freien Mitarbeiter in Einzelkanzleien und Bürogemeinschaften stellen damit die größte Gruppe der Rechtsanwälte mit einer Nebentätigkeit dar. Offenkundig sind sie noch sehr instabil in der Anwaltschaft verankert.
- Auch zwischen den angestellten Rechtsanwälten besteht ein Unterschied, je nachdem ob sie in einer Einzelkanzlei, einer Bürogemeinschaft oder einer Sozietät beschäftigt sind. Der Anteil der Anwälte mit einer Nebentätigkeit liegt bei den in Einzelkanzleien in Festanstellung arbeitenden Befragten mit 16% mehr als doppelt so hoch wie bei ihren Kollegen aus Sozietäten (7%).

Tab. 4: Ausübung einer weiteren Tätigkeit neben dem Anwaltsberuf nach Anwaltstyp

	Nebentätigkeit	
Anwaltstyp	ja	nein
Einzelanwälte	32%	68%
Gründer Sozietät	15%	85%
Einsteiger in eine Sozietät	6%	94%
angestellte Rechtsanwälte in Sozietäten	7%	93%
angestellte Rechtsanwälte in Einzelkanzleien/ Bürogemeinschaften	16%	84%
freie Mitarbeiter in Sozietäten	11%	89%
freie Mitarbeiter in Einzelkanzleien/ Bürogemeinschaften	37%	63%

$p<=0,05$

Rechtsanwälte, die eine weitere Tätigkeit neben ihrem Anwaltsberuf ausüben, geben für die Ausübung einer Nebentätigkeit folgende Motive an (Abb. 23): 52% der Rechtsanwälte kombinieren den Anwaltsberuf mit einer weiteren Tätigkeit, um die eigene Existenz zu sichern. Bei den Gründern von Einzelkanzleien oder Bürogemeinschaften liegt der Anteil derer, die eine Nebentätigkeit zum Zwecke der Existenzsicherung ausüben, sogar bei 62% und damit so hoch wie bei keinem anderen Anwaltstyp. Aus persönlichem Interesse oder als Hobby gehen 31% der Anwälte einer Nebentätigkeit nach. 14% sind neben dem Anwaltsberuf noch anderweitig tätig, um sich zu qualifizieren und vier Prozent promovieren. Vier Prozent der Anwälte üben nebenbei eine Tätigkeit aus, die sie bereits vor ihrem Anwaltsberuf ausgeübt haben.

Abb. 23: Gründe für die Ausübung einer Nebentätigkeit

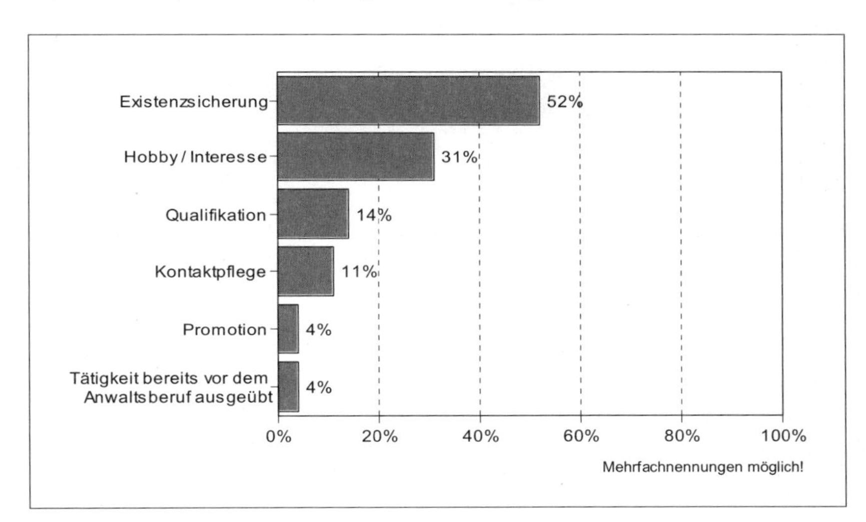

Mit 29% sind die Rechtsanwälte, die neben ihrem Anwaltsberuf weitere Tätigkeiten ausüben, am häufigsten als Dozenten, Referenten oder allgemein wissenschaftlich tätig (Abb. 24). Weitere 12% sind neben der Anwaltstätigkeit mit Sachbearbeitung oder allgemeiner Bürotätigkeit befasst. Jeweils 10% sind als Berater tätig oder gehen Aushilfejobs nach. Neun Prozent üben die selbständige Anwaltstätigkeit[44] aus und acht Prozent sind Geschäftsführer oder selbständige Unternehmer. Sieben Prozent der Rechtsanwälte, die einer Nebentätigkeit nachgehen, sind Autor von Artikeln oder Büchern und sechs Prozent arbeiten in der Rechtsabteilung in einem Unternehmen. Vier Prozent schreiben eine Dissertation, weitere vier Prozent bezeichnen sich als Musiker.

---

[44] Die selbständige Anwaltstätigkeit wird ausschließlich von Syndikusanwälten und solchen Anwälten genannt, die im Rahmen einer freien Mitarbeit beschäftigt sind. Bei diesen Anwälten nimmt die selbständige Anwaltstätigkeit nur eine untergeordnete Rolle ein.

Abb. 24: Art der Nebentätigkeit

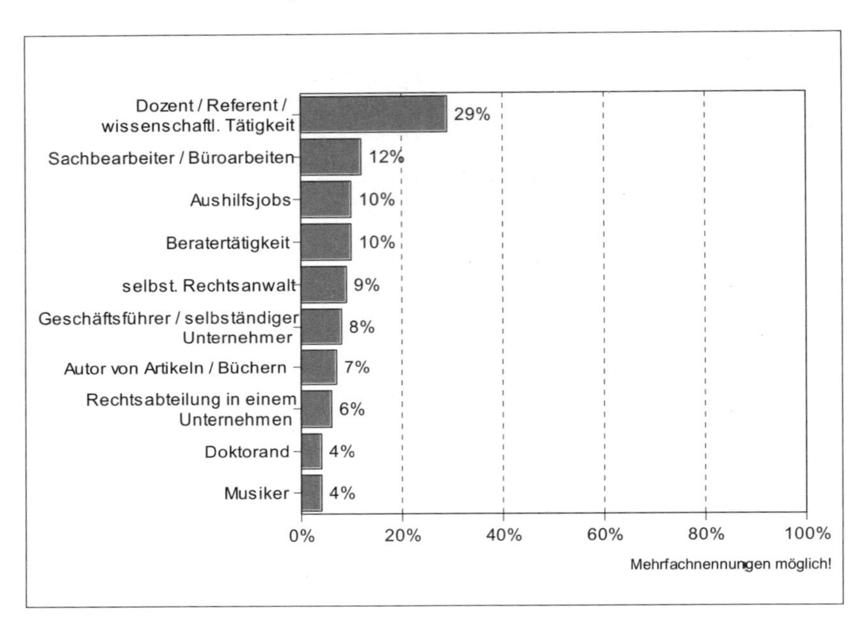

2.7. Übergang in den Anwaltsberuf

Der Übergang in die Berufswelt vollzieht sich nicht immer als reibungslos verlaufender Wechsel zwischen Bildungssystem und Beschäftigungssystem. Speziell im Zusammenhang mit dem Einstieg in den Anwaltsberuf soll im Folgenden analysiert werden, welche Berufspräferenzen die jungen Anwälte ursprünglich hatten, auf welche Wunschpositionen sie sich nach dem Examen beworben haben und wie sie schließlich ihre Berufswünsche verwirklichen konnten.

2.7.1. Berufspräferenzen

Die jungen Rechtsanwältinnen und Rechtsanwälte wurden gefragt, welche berufliche Position für sie gegen Ende ihrer juristischen Ausbildung die höchste Priorität hatte. 57% der Befragten favorisierten am Ende ihrer Ausbildung den Beruf des Rechtsanwaltes (Abb. 25). Dies sind 10% mehr als 1997.

In gleichem Maße hat der Wunsch nach einer Karriere im Justizdienst innerhalb der letzten Jahre abgenommen. Offenbar werden hier frühzeitig geringe Beschäftigungschancen antizipiert. Eine Anstellung als Unternehmensjurist ist in der Beliebtheit der Befragten deutlich gestiegen und liegt mit 15% doppelt so hoch wie 1997. Insgesamt ist diese Entwicklung wohl vor allem ein Reflex auf die Stagnation in den Teilarbeitsmärkten „Justiz" und öffentliche Verwaltung mit ihren zudem hohen Einstiegsbarrieren. Insgesamt ist festzuhalten, dass 43% der Befragten zum Zeitpunkt des Ausbildungsabschlusses den Anwaltsberuf <u>nicht</u> anstrebten.

Abb. 25: Berufspräferenz am Ende der juristischen Ausbildung 1997 / 2004

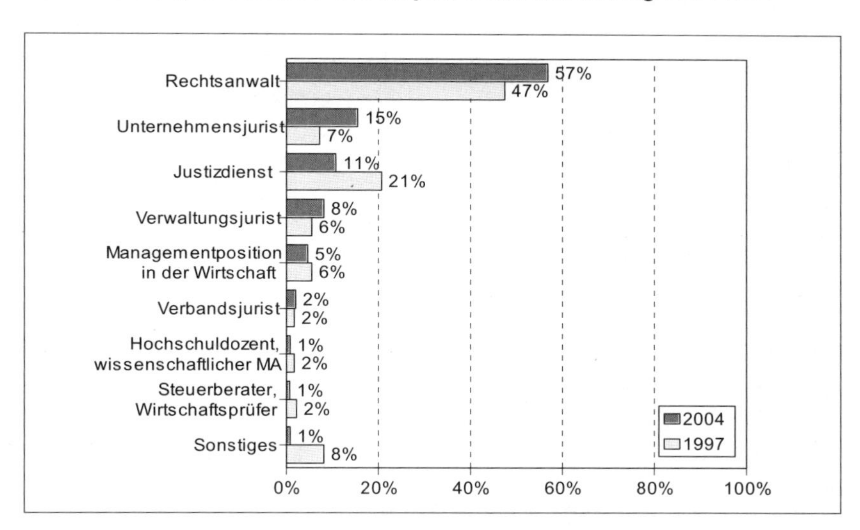

Differenziert nach Geschlecht ergibt sich, dass eine Karriere im Justizdienst von Rechtsanwältinnen leicht häufiger genannt wird als von ihren männlichen Kollegen (Abb. 26). Im Vergleich zu früheren Erhebungen[45] hat sich dieser Unterschied in den letzten Jahren stark vermindert (10% Differenz zu 1997).

---

[45] Vgl. Hommerich (1988), S. 58-59; Hommerich (2001a), S. 48.

Abb. 26: Berufspräferenz am Ende der juristischen Ausbildung nach Geschlecht

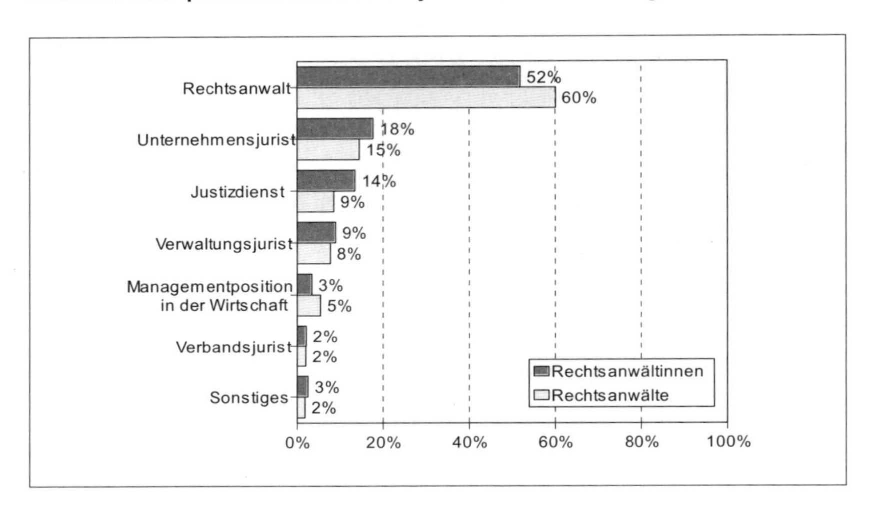

Eine Differenzierung nach Anwaltstyp offenbart weitere wichtige Unterschiede innerhalb der jungen Anwaltschaft (Tab. 5).

- Während 70% der in Sozietäten angestellten Rechtsanwälte und 72% der dortigen freien Mitarbeiter eine spezifische Berufsorientierung in Richtung Anwaltschaft erkennen lassen, trifft dies seltener auf die Gruppe der Gründer eigener Kanzleien zu.

- Nur 53% der angestellten Anwälte in Einzelpraxen und Bürogemeinschaften und 35% der dortigen freien Mitarbeiter sind in ihrem Zielberuf untergekommen.

- Die Syndikusanwälte favorisieren erwartungsgemäß am Ende ihrer Ausbildung weit mehr als jede andere Gruppe eine Tätigkeit als Unternehmensjurist. Lediglich 17% von ihnen wollten ursprünglich den Beruf des Rechtsanwalts ergreifen.

Tab. 5: Berufspräferenzen am Ende der juristischen Ausbildung nach Anwaltstyp

	Einzel-anwälte	Grün-der Soz.	Einstei-ger Soz.	angest. RAe in Soz.	angest. RAe in EK/BG	Syn-dici	freie Mitar-beiter in Soz.	freie Mitarbei-ter in EK/BG
Rechts-anwalt	58%	62%	61%	70%	53%	17%	72%	35%
Unterneh-mensjurist	15%	14%	11%	8%	12%	48%	2%	25%
Justizdienst	9%	14%	6%	14%	14%	11%	11%	10%
Verwaltungs-jurist	9%	5%	17%	5%	12%	8%	11%	5%
Manage-mentposition in der Wirtschaft	6%	5%	6%	2%	4%	9%	2%	5%
Verbands-jurist	1%	0%	0%	1%	4%	4%	0%	20%
Sonstiges	1%	1%	0%	4%	2%	3%	2%	0%

p<=0,05

2.7.2. Bewerbung auf die Wunschposition

Bei der Betrachtung der Anzahl der Bewerbungen auf die Wunschposition zeigen sich – nach Anwaltstyp – folgende Unterschiede (Tab. 6):

- Diejenigen, die sich am seltensten auf die berufliche Wunschposition nach Ende ihres Studiums bewerben, sind die Kanzleigründer. Jeder vierte Gründer einer Einzelkanzlei sowie knapp jeder dritte Sozietätsgründer (30%) bewirbt sich überhaupt nicht auf die eigentliche Wunschposition.

- Angestellte Rechtsanwälte bewerben sich deutlich häufiger auf ihre Wunschposition als freie Mitarbeiter. Am häufigsten versuchen die in Sozietäten angestellten Anwälte eine solche Bewerbung. Lediglich vier Prozent von ihnen geben an, sich aufgrund der Arbeitsmarktlage nicht beworben zu haben.

- Insgesamt bewerben sich die jungen Juristen durchschnittlich neunzehnmal auf ihre Wunschposition.

Tab. 6: Bewerbung auf Wunschposition nach Anwaltstyp

	keine Bewerbung	Bewerbung
Einzelanwälte	25%	75%
Gründer Sozietät	30%	70%
Einsteiger in eine Sozietät	11%	89%
angestellte Rechtsanwälte in Sozietäten	7%	93%
angestellte Rechtsanwälte in Einzelkanzleien / Bürogemeinschaften	4%	96%
Syndikusanwälte	7%	93%
freie Mitarbeiter in Sozietäten	8%	92%
freie Mitarbeiter in Einzelkanzleien / Bürogemeinschaften	15%	85%

$p<=0,05$

Differenziert nach Zielberuf ergeben sich deutliche Unterschiede innerhalb der jungen Anwaltschaft (Tab. 7):

- Nur knapp die Hälfte der Befragten, denen eine Karriere im Justizdienst als Berufsziel vorschwebt, bewirbt sich auch tatsächlich auf eine solche Position. Dies kann zum einen als eine Reaktion auf den angespannten Arbeitsmarkt und den hohen Einstiegsbarrieren des Sektors „Justiz“ und zum anderen als Konsequenz aus den eigenen Examensnoten gesehen werden.

- Auf alle anderen Berufsziele werden deutlich mehr Bewerbungen gerichtet. Die meisten Bewerbungen zielen auf Positionen in Unternehmen und zwar sowohl auf eine juristische als auch auf eine Managementtätigkeit. Ansonsten richten sich die Bewerbungen vor allem auf die Anwaltschaft. 98% der Befragten mit der Berufspräferenz Unternehmensjurist haben sich hier auch tatsächlich beworben. In diesem Marktsegment finden sich offenbar am ehesten Stellenangebote.

Tab. 7: Bewerbung auf Wunschposition nach Berufspräferenz

Zielberuf	keine Bewerbung	Bewerbung
Rechtsanwalt	12%	88%
Unternehmensjurist	2%	98%
Justizdienst	52%	48%
Verwaltungsjurist	15%	85%
Managementposition	11%	89%

p<=0,05

2.7.3. Realisierung der Berufspräferenz

Die Befragten wurden gebeten, über die Realisierung ihrer Berufspräferenz Auskunft zu geben. Knapp ein Drittel der jungen Rechtsanwältinnen und Rechtsanwälte konnte den ursprünglichen Berufswunsch nicht realisieren (Abb. 27).

Abb. 27: Realisierung der Berufpräferenz

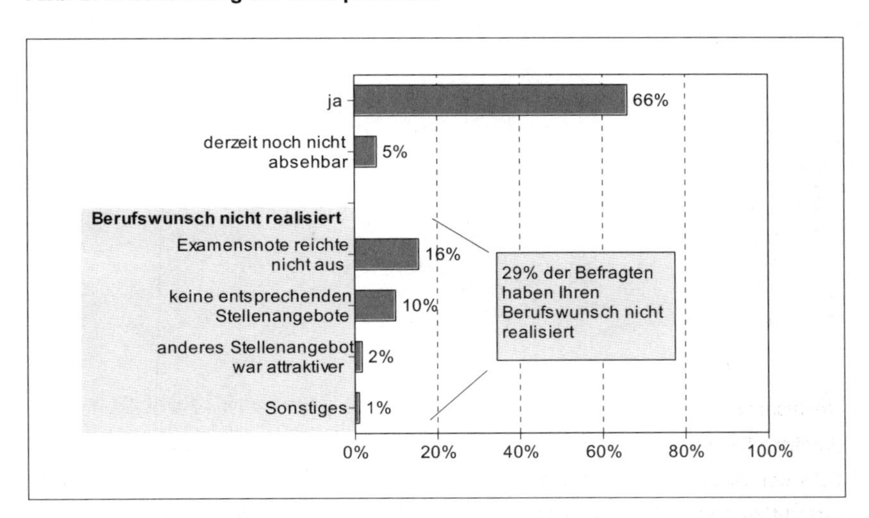

Differenziert nach Anwaltstyp lassen sich einige Unterschiede erkennen (Tab. 8):

- Vor allem Gründer von Sozietäten sowie Einsteiger und freie Mitarbeiter in Sozietäten konnten ihre Berufswünsche mehrheitlich realisieren. Dies gilt auch für die deutliche Mehrheit der Syndikusanwälte. Einzelanwälte und freie Mitarbeiter in

Einzelkanzleien und Bürogemeinschaften konnten demgegenüber deutlich weniger als die anderen Gruppen ihre Berufsvorstellungen realisieren. Die freien Mitarbeiter in Einzelkanzleien und Bürogemeinschaften haben zu 50% ihr Berufsziel nicht erreichen können.

- Auffallend ist, dass die nach Examensnoten eher schlechter qualifizierten freien Mitarbeiter in Einzelkanzleien und Bürogemeinschaften jeweils zu 40% fehlende Stellanangebote und lediglich zu 10% ihre Examensleistung für ihre berufliche Situation verantwortlich machen.

Tab. 8: Realisierung der Berufspräferenz nach Anwaltstyp

		Einzel-anwälte	Gründer Soz.	Einsteiger Soz.	angestellte RAe in Soz.	angestellte RAe in EK/BG	Syndikus-anwälte	freie Mitarbeiter in Soz.	freie Mitarbeiter in EK/BG
	ja	58%	75%	78%	71%	61%	71%	75%	45%
	derzeit noch nicht absehbar	8%	0%	0%	6%	0%	4%	9%	5%
Berufs-wunsch nicht realisiert	Examensnote reichte nicht aus	22%	20%	11%	13%	22%	11%	6%	10%
	keine entsprechenden Stellenangebote	10%	5%	6%	7%	16%	7%	11%	40%
	sonstiges	3%	0%	6%	3%	2%	8%	0%	0%

p<=0,05

Rechtsanwältinnen können tendenziell seltener als ihre männlichen Kollegen ihren primären Berufswunsch in die Tat umsetzen (Abb. 28). 69% der männlichen gegenüber 62% der weiblichen Berufsträger geben an, ihr ursprünglich angestrebtes Berufsziel erreicht zu haben. Diese geschlechtsspezifischen Unterschiede resultieren vermutlich aus dem vergleichsweise höheren Anteil der Juristinnen, die ursprünglich im Justizdienst tätig werden wollten. Gerade in diesem Marktsegment herrschen aber äußerst restriktive Aufnahmebedingungen.

Abb. 28: Realisierung der Berufspräferenz nach Geschlecht

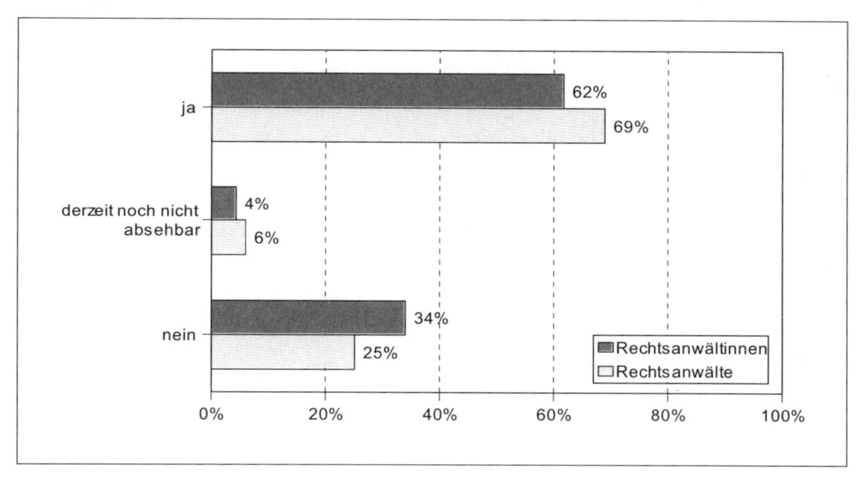

Abb. 29: Realisierung der Berufspräferenz – 1997 / 2004

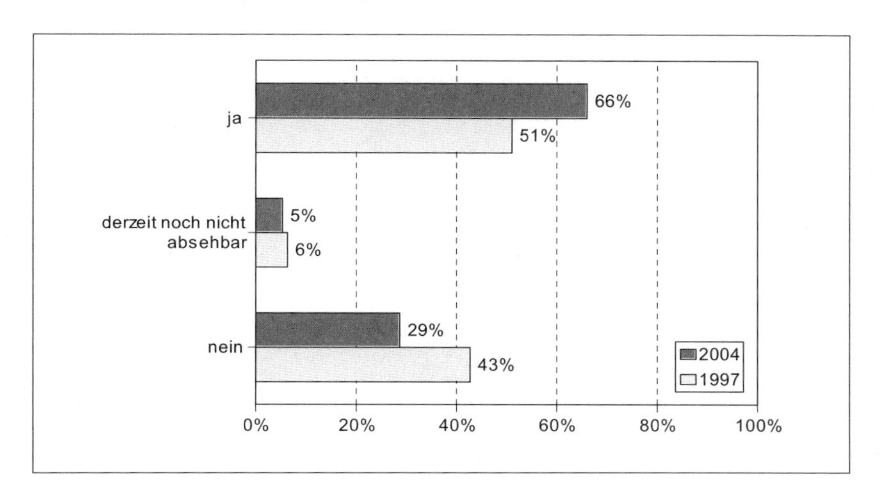

Ein Vergleich mit früheren Erhebungen zeigt, dass junge Anwälte heute häufiger im ersten Jahr nach der Zulassung ihren favorisierten Beruf erreichen können (Abb. 29). 1997 gab die Hälfte der jungen Anwaltschaft an, ihren Berufswunsch erster Priorität realisiert zu haben. 2004 sind es zwei Drittel aller Junganwälte, die dies schaffen. Offen bleibt jedoch, ob diese Veränderung auf eine spezifischere Zielorientierung der jungen Anwälte im Studium zurückzuführen ist oder ob eine Anpassung der beruflichen Ziele an die (antizipierten) Bedingungen am Arbeitsmarkt erfolgt.

3. Die Berufssituation angestellter Anwälte und freier Mitarbeiter

Aufgrund der Heterogenität der jungen Anwaltschaft ist es sinnvoll, den Berufseinstieg der Gründer eigener Kanzleien einerseits und der angestellten Anwälte bzw. freien Mitarbeiter andererseits separat zu untersuchen. Ein Drittel des Zulassungsjahrgangs wagt den Schritt in die unternehmerische Freiheit und gründet eine Kanzlei, 53% ziehen es vor, für den Berufseinstieg auf bereits etablierte Strukturen zurückzugreifen und werden in Kanzleien als angestellte Rechtsanwälte oder freie Mitarbeiter tätig.

3.1. Der Berufseinstieg

Die Analyse der Situation angestellter Anwälte und freier Mitarbeiter in Anwaltskanzleien gibt Aufschluss darüber, wie die Profession der Anwälte ihren Nachwuchs in die Berufsgruppe integriert. Diese Frage gewinnt angesichts des seit Jahren bestehenden Angebotsdrucks[46] eine hohe Bedeutung. So ist denkbar, dass angesichts eines Angebotsüberschusses junge Rechtsanwältinnen und Rechtsanwälte zu vergleichsweise schlechten Arbeitsbedingungen beschäftigt werden. Ein Indikator für das tatsächliche Bestehen solcher Probleme ist, dass die Satzungsversammlung in der 1997 in Kraft getretenen Berufsordnung in § 26 BORA die Beschäftigung von Rechtsanwälten zu „angemessenen Bedingungen" zur Berufspflicht erklärt hat.[47] Dies gilt insbesondere in einer Zeit, in der sich allgemein immer mehr Hochschulabsolventen nach Abschluss ihrer Ausbildung nicht in gesicherten Arbeitsverhältnissen, sondern in einer vergleichsweise ungesicherten Beschäftigung, etwa auf „Praktikumsplätzen", wieder finden. Es ist also auch im Kontext dieser Untersuchung zu prüfen, ob junge Juristen angesichts des aktuell überfüllten Arbeitsmarktes zu unangemessenen Bedingungen beschäftigt werden und sich den Einstieg in den Beruf auf diese Weise gleichsam „erdienen" müssen.

Wie bereits dargestellt wurde (Teil 1 Kap. 2), hat sich die Arbeitsmarktsituation für Juristen in den letzten Jahren zusehends verschärft. Mit Hilfe des „Gründungsbarome-

[46] Zur quantitativen Entwicklung der Anwaltschaft vgl. Teil 1 Kap. 1.

[47] Vgl. hierzu Kilian (2005b), S.172.

ters“ soll untersucht werden, ob die derzeitige Situation am Arbeitsmarkt die Motivation für den Einstieg in den Anwaltsberuf beeinflusst.

Die angestellten Anwälte und freien Mitarbeiter wurden zunächst nach ihren Beweggründen befragt, kein eigenes Büro zu gründen.[48] Rund 25% entscheiden sich gegen eine Gründung, weil sie sich grundsätzlich über ihren längerfristigen Verbleib in der Anwaltschaft im Unklaren sind (Abb. 30). Dieser Anteil lag 1997 noch bei 16%.[49] Die entsprechenden Vergleichswerte für freie Mitarbeiter und angestellte Anwälte liegen bei 27% und 22%.

Es wird also deutlich, dass die Unsicherheit über die endgültige Berufswahl weiter gestiegen ist. Immer mehr junge Anwälte sehen sich in der Situation, zunächst aus Verlegenheit und mangels Alternativen in den Anwaltsberuf einsteigen zu müssen.

Allerdings hatte die Berufseinstiegsphase immer schon den Charakter einer Orientierungsphase (transitional status), in der die Weichen für die weitere Berufstätigkeit gestellt werden.[50] Auch im Rahmen der aktuellen Befragung geben 83% der befragten Anwälte in Festanstellung und 73% der freien Mitarbeiter an, nach Abschluss der Ausbildung zunächst einmal Berufserfahrungen sammeln zu wollen.

Starke Konkurrenz innerhalb der Anwaltschaft ist für 38% der angestellten Anwälte und für 32% der freien Mitarbeiter Anlass, sich gegen eine Gründung zu entscheiden. Diese Gruppe der jungen Anwälte ist offenbar durch eine geringe Risikobereitschaft gekennzeichnet. Fehlendes Startkapital ist ein Hinderungsgrund für 43% der befragten freien Mitarbeiter, den Weg in die Selbständigkeit anzutreten. Schließlich betonen 24% der Rechtsanwälte in freier Mitarbeit, dass sich ihnen keine Möglichkeit bot, als Partner in eine Sozietät aufgenommen zu werden.

---

[48] Bei dieser gestützten Frage waren Mehrfachnennungen möglich.

[49] Vgl. Hommerich (2001a), S. 151.

[50] Vgl. Hommerich (1988), S. 115ff. und ders. (2001a), S. 151.

Abb. 30: Gründe, sich nicht in einer eigenen Kanzlei niederzulassen bzw. nicht als Partner in eine Sozietät einzusteigen

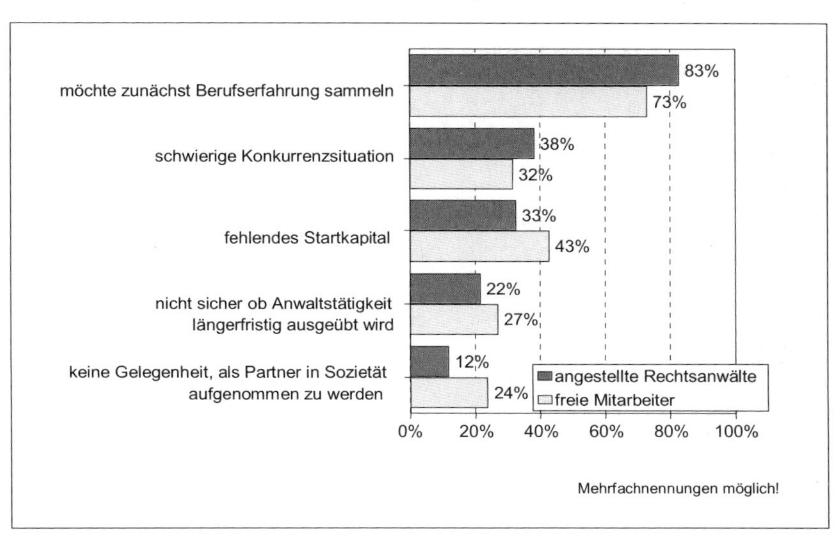

Betrachtet man die angegebenen Entscheidungskriterien gegen eine Gründung differenziert nach Examensnoten, so zeigen sich folgende Unterschiede (Tab. 9): Rechtsanwälte im Angestelltenverhältnis oder in freier Mitarbeit, die ihre Staatsexamina mit Prädikat abgeschlossen haben, sind sich über ihren längerfristigen Verbleib in der Anwaltstätigkeit deutlich sicherer als ihre Kollegen mit weniger guten Abschlüssen. Es wird also deutlich, dass eine hohe fachliche Qualifikation zu einer spezifischeren Berufsorientierung führt.

Weniger gut qualifizierte angestellte Anwälte fürchten stärker als die besser qualifizierten die gewachsene Konkurrenz in der Anwaltschaft, der sie im Falle der Gründung einer eigenen Kanzlei ausgesetzt wären. Außerdem geben über 40% der Befragten mit ausreichenden Examina an, zu wenig Startkapital zur Verfügung zu haben. Insgesamt zeigt sich, dass die weniger gut qualifizierten Absolventen eines Jurastudiums die mit der Gründung einer Anwaltskanzlei verbundenen Risiken einschließlich des Kapitalrisikos deutlich stärker betonen als besser qualifizierte.

Tab. 9: Gründe, sich nicht in eigener Kanzlei niederzulassen bzw. nicht als Partner in eine Sozietät einzusteigen nach den Noten in den beiden juristischen Staatsexamina

	Note im ersten juristischen Staatsexamen			Note im zweiten juristischen Staatsexamen		
	Prädikat	Befriedigend	Ausreichend	Prädikat	Befriedigend	Ausreichend
Berufserfahrung sammeln	83%	81%	78%	82%	79%	83%
schwierige Konkurrenzsituation	33%	35%	46%	34%	34%	45%
fehlendes Startkapital	28%	34%	45%	32%	31%	44%
nicht sicher, ob Anwaltstätigkeit langfristig gewünscht	16%	24%	28%	14%	27%	23%
keine Gelegenheit, als Partner in Sozietät aufgenommen zu werden	14%	15%	13%	14%	14%	15%

Mehrfachnennungen möglich!

Betrachtet man den Zusammenhang zwischen dem Berufswunsch erster Priorität und den Gründen, keine eigene Kanzlei aufzubauen, so ergeben sich folgende Unterschiede (Tab. 10).

Aus der Gruppe der angestellten Anwälte und freien Mitarbeiter, für die der Beruf Rechtsanwalt zum Zeitpunkt des Studienabschlusses nicht die höchste Priorität hatte, sind sich 44% unsicher, ob sie den Anwaltsberuf auf Dauer ausüben möchten. War der Anwaltsberuf hingegen Berufswunsch erster Priorität, so sind sich nur noch 12% der angestellten Anwälte und freien Mitarbeiter über ihren längerfristigen Verbleib in der Anwaltschaft im Unklaren. Dies könnte als Hinweis auf die Orientierungsfunktion der Angestelltentätigkeit und der freien Mitarbeit zu verstehen sein. Berücksichtigt man jedoch die Vergleichszahlen der Studie von 1997, so lässt sich ein deutlicher Anstieg der Unsicherheit über die endgültige Berufswahl erkennen. Die entsprechenden Vergleichswerte für Anwaltstätigkeit mit und ohne erste Priorität liegen bei fünf Prozent und 12%.[51]

Diese Ergebnisse stützen die schon zuvor getroffene Feststellung, dass immer mehr junge Anwälte aus Verlegenheit und mangels Alternativen in den Rechtsanwaltsberuf einsteigen.

Tab. 10: Gründe, sich nicht in einer eigenen Kanzlei niederzulassen bzw. nicht als Partner in eine Sozietät einzusteigen nach Berufswunsch 1. Priorität

	Anwaltstätigkeit als Berufswunsch 1. Priorität	Anwaltstätigkeit nicht als Berufswunsch 1. Priorität
möchte zunächst Berufserfahrung sammeln	85%	73%
schwierige Konkurrenzsituation	35%	42%
fehlendes Startkapital	36%	33%
nicht sicher, ob Anwaltstätigkeit langfristig gewünscht	12%	44%
keine Gelegenheit, als Partner in Sozietät aufgenommen zu werden	15%	14%

Mehrfachnennungen möglich!

Im Ergebnis zeigt sich, dass die Berufsausübung als Angestellter und freier Mitarbeiter als ein Durchgangsstadium anzusehen ist, in dem ein weiterer beruflicher Klärungsprozess erfolgt. Möglich ist, dass ein Teil der Mitglieder dieser Gruppe nach einer Erprobungsphase die Anwaltschaft wieder verlassen wird. Starke Konkurrenz, aber auch Mangel an Startkapital sind wesentliche Hemmnisse, eine eigene Kanzlei zu gründen und dies, obwohl bei der Gründung von Anwaltsbüros vergleichsweise geringe Investitionen erforderlich sind.[52]

---

[51] Vgl. Hommerich (2001a), S. 152.

[52] Vgl. Hommerich (2001a), S. 153.

3.2. Arbeitszeiten der angestellten Anwälte und freien Mitarbeiter

In Einzelkanzleien sind 75% der angestellten Anwälte vollzeitbeschäftigt, in Sozietäten liegt dieser Anteil bei 90%. Freie Mitarbeiter in Sozietäten geben zu 80% an, in Vollzeit erwerbstätig zu sein.

Tab. 11: Arbeitszeiten und durchschnittliche Wochenstunden nach Kanzleiform[53]

	Vollzeit		Teilzeit				
	Anteil der Vollzeit beschäftigten	durchschnittliche Wochenstunden	Anteil der Teilzeitbeschäftigten	durchschnittliche Wochenstunden	Teilzeit ist gewollt	Teilzeit ist nicht gewollt	faktische Arbeitszeit länger als geregelte
insgesamt	86%	-	14%	-	77%	23%	49%
angestellte Rechtsanwälte in EK und BG	75%	48 Std.	25%	24 Std.	69%	31%	31%
angestellte Rechtsanwälte in Sozietäten	90%	52 Std.	10%	28 Std.	79%	21%	58%
freie Mitarbeiter in Sozietäten	80%	50 Std.	20%	29 Std.	75%	25%	57%

$p <= 0,05$

In der Gruppe der vollzeittätigen Anwälte ergeben sich deutliche Unterschiede bezogen auf die faktische zeitliche Arbeitsbelastung. Angestellte Rechtsanwälte und freie Mitarbeiter in Sozietäten arbeiten durchschnittlich 50 Stunden und länger, ihre Kollegen in Einzelkanzleien durchschnittlich 48 Stunden. Es wird also deutlich, dass vollzeittätige Berufseinsteiger bei einer 5-Tagewoche mit einem 10-Stunden-Arbeitstag rechnen müssen.

14% der angestellten und frei mitarbeitenden Anwälte üben ihre Tätigkeit in Teilzeit aus. Knapp ein Viertel der angestellten Anwälte und freien Mitarbeiter arbeitet ungewollt in einer solchen Teilzeitbeschäftigung. Dies entspricht einem Anteil von drei Pro-

---

[53] Die teilzeitbeschäftigten freien Mitarbeiter in Einzelkanzleien und Bürogemeinschaften wurden aufgrund zu geringer Fallzahl nicht in der Analyse berücksichtigt.

zent der befragten Anwälte. Rechtsanwälte, die in einer Einzelkanzlei angestellt sind, arbeiten am häufigsten ungewollt auf der Grundlage eines Teilzeitvertrages.

Knapp ein Drittel der angestellten Rechtsanwälte in Einzelkanzleien gibt an, länger als vertraglich vereinbart zu arbeiten. Die Vergleichswerte für teilzeitbeschäftigte Anwälte in Sozietäten liegen mit 58% für die Angestellten und 57% für die freien Mitarbeiter noch erheblich höher.

Eine Analyse der zeitlichen Arbeitsbelastung der vollzeit- und teilzeittätigen angestellten und frei mitarbeitenden Anwälte nach Größenklassen zeigt deutliche Unterschiede nach Kanzleiform (Abb. 31). Angestellte Anwälte und freie Mitarbeiter, die in Sozietäten Vollzeit arbeiten, unterliegen der stärksten Arbeitsbelastung. Rund ein Viertel von ihnen arbeitet mehr als 60 Stunden in der Woche.

Abb. 31: Arbeitszeit vollzeitbeschäftigter angestellter Anwälte und freier Mitarbeiter nach Größenklassen

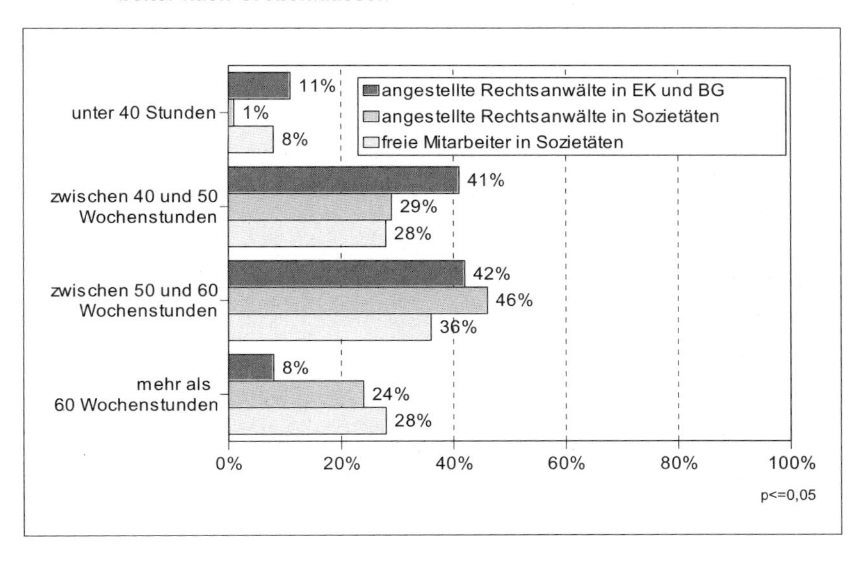

Der Unterschied nach Kanzleiform wird auch bei der Analyse der Wochenstunden nach Größenklassen bei teilzeitbeschäftigten angestellten und frei mitarbeitenden Anwälte deutlich (Abb. 32). 61% der in Einzelkanzleien oder Bürogemeinschaften angestellten

Rechtsanwälte arbeiten länger als 20 Stunden in der Woche. Die Vergleichswerte für die Kollegen in Sozietäten liegen bei 79% und 67%.

Abb. 32: Zeitlicher Umfang der Teilzeitbeschäftigung angestellter Anwälte und freier Mitarbeiter in Größenklassen

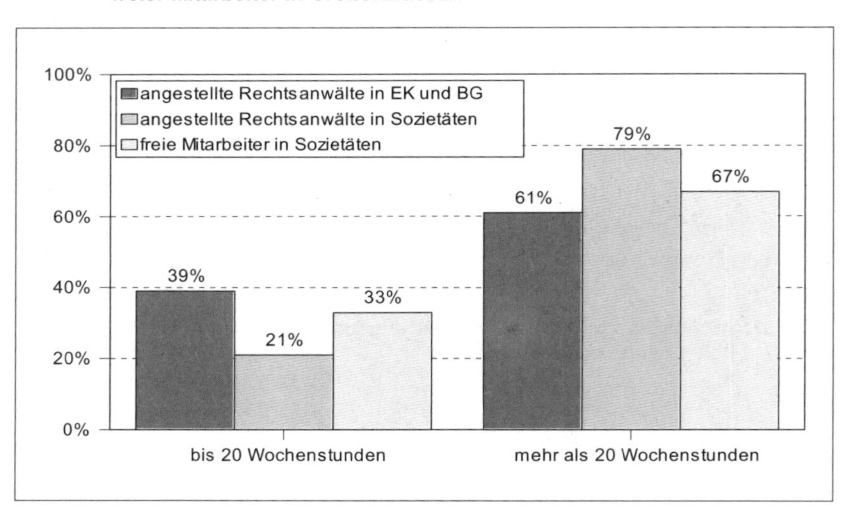

Die zeitliche Belastung der Anwälte in Sozietäten hängt auch von der Größe dieser Sozietäten ab. Rechtsanwälte, die in Sozietäten mit mehr als zehn Anwälten arbeiten, haben eine durchschnittliche Wochenarbeitszeit von 55 Stunden (Tab. 12). Die zusätzliche Differenzierung nach dem Beschäftigungsverhältnis lässt erkennen, dass angestellte Anwälte in diesen Sozietäten mit durchschnittlich 56 Wochenstunden die insgesamt höchste zeitliche Belastung auf sich nehmen. Sie liegt nochmals durchschnittlich vier Stunden höher als die Wochenstundenbelastung der freien Mitarbeiter in diesen Kanzleien.

Es wird also insgesamt deutlich, dass junge Anwälte, die in größeren Sozietäten eine Chance erhalten wollen, der Ausübung ihres Berufes bei der Gewichtung ihrer beruflichen und außerberuflichen Lebensziele einen sehr hohen Stellenwert einräumen müssen.

Tab. 12: Durchschnittliche Anzahl der Wochenstunden der in Sozietäten vollzeittätige Rechtsanwälte nach Sozietätsgröße

	angestellte Rechtsanwälte in Sozietäten	freie Mitarbeiter in Sozietäten	in Sozietäten tätige Rechtsanwälte insgesamt
bis zu vier anwaltliche Berufsträger	48 Std.	48 Std.	48 Std.
fünf bis neun anwaltliche Berufsträger	51 Std.	50 Std.	51 Std.
zehn und mehr anwaltliche Berufsträger	56 Std.	52 Std.	55 Std.

Eine differenzierte Betrachtung nach Geschlecht zeigt, dass deutlich mehr angestellte Rechtsanwältinnen und freie Mitarbeiterinnen Teilzeit arbeiten (Tab. 13). Entscheidend ist in diesem Zusammenhang die Kinderfrage: Rechtsanwältinnen ohne Kinder arbeiten zu 87% Vollzeit, ihre männlichen Kollegen zu 93%. Rechtsanwältinnen mit Kindern hingegen arbeiten zu 43% Vollzeit, ihre männlichen Kollegen, die Väter sind, zu 88%. Es wird also deutlich, dass Mütter im Gegensatz zu Vätern nach Geburt ihres Kindes ihre Berufstätigkeit einschränken. Die Quote der vollzeittätigen Rechtsanwältinnen mit Kind liegt allerdings rund 10% über der Erwerbstätigenquote von vollzeitbeschäftigten Müttern mit Kind in der Gesamtbevölkerung, während der Vergleichswert für Rechtsanwälte mit Kind rund neun Prozent unter dem Wert in der Gesamtbevölkerung liegt.[54]

Tab. 13: Art der Beschäftigung nach Geschlecht und Familienstand

	insgesamt		ohne Kinder		mit Kindern	
	Vollzeit	Teilzeit	Vollzeit	Teilzeit	Vollzeit	Teilzeit
Rechtsanwältinnen	77%	23%	87%	13%	43%	57%
Rechtsanwälte	92%	8%	93%	7%	88%	12%

[54] Statistisches Bundesamt (Hrsg.) (2004), Erwerbstätigenquote von Männern und Frauen mit Kindern, Vollzeit- und Teilzeitbeschäftigung.

3.3. Die wirtschaftliche Situation angestellter Anwälte und freier Mitarbeiter

Die angestellten Anwälte und freien Mitarbeiter wurden über ihre Einkommenssituation befragt. Die folgende Darstellung zeigt Höhe und Determinanten der Jahresbruttoeinkünfte. Dabei werden aus Gründen der Vergleichbarkeit nur Angaben der vollzeittätigen Anwälte berücksichtigt.

3.3.1. Einkommen vollzeittätiger angestellter Anwälte und freier Mitarbeiter

Im Durchschnitt erhalten vollzeittätige Junganwälte im Angestelltenverhältnis oder in freier Mitarbeit ein jährliches Bruttoeinkommen in Höhe von 43.395 €.[55] Das durchschnittliche Jahreseinkommen eines angestellten Anwalts beträgt brutto 46.000 €, während die Kollegen in freier Mitarbeit mit 32.000 € vergleichsweise schlechter entlohnt werden.

Im Vergleich zu den Einstiegsgehältern anderer dienstleistender akademischer Berufe verdienen Junganwälte vergleichsweise gut. Für diese sind im Jahr 2004 – das für den anwaltlichen Zulassungsjahrgang 2003 das erste volle Erwerbsjahr war – folgende Werte in einer inneren Bandbreite von 70%[56] ermittelt worden:[57]

- Banken 34.000 € bis 37.000 € (Spitzenwerte 38.000 €)
- Handel 31.000 € bis 34.000 € (Spitzenwerte 45.000 €)
- Medien 34.000 € bis 36.000 € (Spitzenwerte 45.000 €)

---

[55] Diese Summe enthält ein Basis-Jahresbruttogehalt bzw. -honorar und zusätzliche betriebliche Leistungen (Erfolgsbeteiligung / Provision, 13. / 14. Gehalt, Urlaubsgeld, Fahrkostenzuschüsse / Geschäftswagen, betriebliche Altersvorsorge, vermögenswirksame Leistungen)

[56] Eine „innere Bandbreite von 70%“ bedeutet, dass 70% aller befragten Unternehmen das Einstiegsgehalt in dieser Bandbreite angaben.

[57] Umfrage der Internetplattform www.berufsstart.de, die durch Befragung von 3.000 deutschen Unternehmen im Drei-Monatsrhythmus kontinuierlich die Entwicklung der Einstiegsgehälter von Universitätsabgängern in Unternehmen analysiert.

- Unternehmensberatung 36.000 € bis 38.000 € (Spitzenwerte 45.000 €)
- Versicherung 34.000 € bis 36.000 € (Spitzenwerte 37.000 €)
- Wirtschaftsprüfung 31.000 € bis 33.000 € (Spitzenwerte 35.000 €)

Die Differenzierung nach Beschäftigungsverhältnis und Kanzleiform offenbart ganz erhebliche Unterschiede in den Einkommen (Abb. 33): Angestellte Anwälte in Sozietäten erzielen bei Vollzeittätigkeit mit 49.300 € die höchsten jährlichen Bruttoeinkünfte. Das Einkommen ihrer Kollegen in Einzelkanzleien beläuft sich demgegenüber durchschnittlich auf 30.000 €. Freie Mitarbeiter haben in Sozietäten ein durchschnittliches Bruttoeinkommen von 33.700 € und in Einzelkanzleien von 28.100 €. Diese drei Gruppen von Junganwälten erzielen damit im Vergleich zu anderen akademischen Berufen unterdurchschnittliche Einkünfte.

Abb. 33: Durchschnittliche Jahresbruttoeinkünfte nach Kanzleiform und Beschäftigungsverhältnis

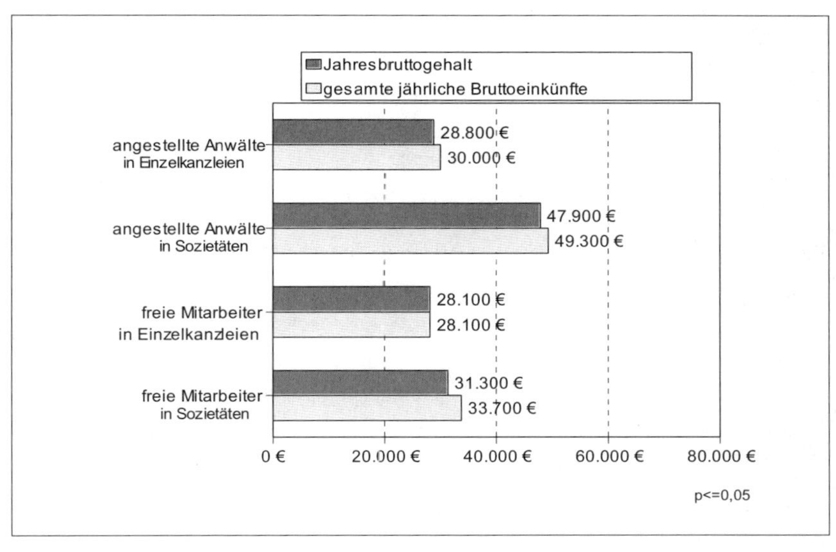

Um die Anzahl der angestellten Anwälte und freien Mitarbeiter zu identifizieren, die besonders hohe oder besonders niedrige Einkünfte erzielen, wurde das Jahreseinkommen in Intervalle von 10.000 € unterteilt. Dadurch ergibt sich ein genaueres Bild der Entlohnung differenziert nach Beschäftigungsverhältnis und Kanzleiform (Tab. 14).

Anwälte im Angestelltenverhältnis und freie Mitarbeiter in Sozietäten sind in der Jahreseinkommensklasse 40.000 € und mehr deutlich überrepräsentiert. Mit 54% erhält die Mehrheit aller in Sozietäten angestellten Rechtsanwälte ein Jahresbruttoeinkommen von mehr als 40.000 €. 38% der in Sozietäten angestellten Rechtsanwälte erzielen ein Einkommen von mehr als 50.000 €. Dies gelingt hingegen nur 13% der freien Mitarbeiter, die in Sozietäten beschäftigt sind.

Tab. 14: Durchschnittliche Jahresbruttoeinkünfte bei Vollzeittätigkeit nach Beschäftigungsverhältnis und Kanzleiform

	angestellte Rechtsanwälte in EK und BG	angestellte Rechtsanwälte in Sozietäten	freie Mitarbeiter in EK und BG	freie Mitarbeiter in Sozietäten
unter 20.000 €	16%	5%	20%	7%
20.000 € bis unter 30.000 €	35%	12%	27%	33%
30.000 € bis unter 40.000 €	27%	29%	40%	33%
40.000 € bis unter 50.000 €	19%	16%	7%	13%
50.000 € und mehr	3%	38%	7%	13%

$p<=0.05$

Ein Blick auf die Einkommensgruppe bis unter 20.000 € verdeutlicht eine erhebliche Streubreite der Einkommen junger Rechtsanwälte. So wird erkennbar, dass 20% der freien Mitarbeiter in Einzelkanzleien und Bürogemeinschaften und 16% der angestellten Anwälte in solchen Kanzleien unter 20.000 € Jahreseinkünfte bzw. Mitarbeitervergütung bei Vollzeittätigkeit erhalten. Der Anteil junger Anwälte in dieser Vergütungsgruppe ist demgegenüber bei Sozietäten erheblich niedriger. Er liegt bei angestellten Anwälten in einer Größenordnung von fünf Prozent und bei freien Mitarbeitern in einer Größenordnung von sieben Prozent.

Angesichts der hier sichtbar werdenden erheblichen Spreizung der Vergütung junger Anwälte wird in Zukunft genau zu beobachten sein, ob die Anwaltschaft angestellten Anwälten und freien Mitarbeitern auskömmliche Beschäftigungsverhältnisse anbieten kann oder ob die Zahl so genannter „Billigjobs“ auch in diesem akademischen Beruf zunimmt.

3.3.2. Betriebliche Zusatzleistungen

Schließt man das Jahresgehalt aus der Analyse aus und betrachtet nur die empfangenen Zusatzleistungen, so zeigt sich folgendes Bild (Tab. 15).[58] Rechtsanwälte, die in Sozietäten angestellt sind, erhalten jährlich insgesamt betriebliche Zusatzleistungen in einem Umfang von durchschnittlich 1.400 €. Ihre Kollegen in Einzelkanzleien und Bürogemeinschaften liegen bei 1.200 €. Provisionen bzw. Erfolgsbeteiligungen werden hauptsächlich in Sozietäten gezahlt. Bei freien Mitarbeitern in Sozietäten fallen sie mit durchschnittlich 1.800 € dreimal höher aus als bei ihren fest angestellten Kollegen, die allerdings ein deutlich höheres Grundgehalt erhalten.

Bei angestellten Anwälten in Einzelkanzleien machen zusätzliche Einkünfte, wie etwa Urlaubs- oder Weihnachtsgeld mit durchschnittlich 600 € pro Jahr und Fahrtkostenzuschüsse bzw. Geschäftswagen (400 €) den größten Anteil der betrieblichen Zusatzleistungen neben dem Jahresgrundgehalt aus. In Sozietäten erhalten angestellte Rechtsanwälte durchschnittlich 500 € im Rahmen eines 13. oder 14. Monatsgehalts. Sie erhalten zusätzlich Provisionszahlungen in Höhe von 600 €.

Freie Mitarbeiter in Einzelkanzleien und Bürogemeinschaften sind durchgängig nicht in Provisionssysteme bzw. betriebliche Zusatzleistungen eingebunden. Freie Mitarbeiter in Sozietäten erhalten demgegenüber Provisionen in der beachtlichen Größenordnung von durchschnittlich 1.800 € jährlich. Sie können auch von Weihnachtsgeld und Fahrtkostenzuschüssen in einer Größenordnung von durchschnittlich 700 € profitieren.

[58] Die angegebenen Durchschnittswerte sind über alle Anwälte gebildet, die vollzeittätig sind und ein Jahresbruttogehalt bzw. -honorar angegeben haben (auch über diejenigen, die keine betrieblichen Zusatzleistungen erhalten).

Tab. 15: Betriebliche Jahresbruttoeinkünfte neben dem Jahresbruttogehalt

	angestellte Rechtsanwälte in EK und BG	angestellte Rechtsanwälte in Sozietäten	freie Mitarbeiter in EK und BG	freie Mitarbeiter in Sozietäten
Erfolgsbeteiligung Provision	0 €	600 €	0 €	1.800 €
13. / 14. Gehalt	600 €	500 €	0 €	300 €
Geschäftswagen Fahrtkostenzuschüsse	400 €	200 €	0 €	400 €
betriebliche Altersvorsorge	60 €	32 €	0 €	0 €
vermögenswirksame Leistungen	60 €	20 €	0 €	8 €
insgesamt	1.200 €	1.400 €	0 €	2.400 €

3.3.3. Determinanten des Einkommens angestellter Anwälte und freier Mitarbeiter

Die Höhe der Einkünfte wird von personenbezogenen und marktbezogenen Faktoren beeinflusst. Im Folgenden werden zunächst die individuellen Determinanten diskutiert (Tab 16).

Die Noten der juristischen Staatsprüfung und Zusatzqualifikationen gelten als Indikatoren für fachliche Kompetenz. Mit Zunahme dieser Kompetenz steigt das durchschnittliche Jahresbruttoeinkommen deutlich an. Angestellte Rechtsanwälte und freie Mitarbeiter mit Prädikatsexamen haben unabhängig von der Art ihrer Anstellung und der Kanzleiform in fast allen Fällen ein höheres Jahresbruttoeinkommen. Mit durchschnittlich 66.100 € bzw. 66.900 € beziehen Anwälte mit Prädikatsexamen, die in Sozietäten angestellt sind, das höchste Einkommen. Wurden beide Examina mit einem Prädikat abgeschlossen, steigen die durchschnittlichen Jahresbruttoeinkünfte noch einmal auf 71.000 € an.

Eine abgeschlossene Promotion wirkt sich ebenfalls positiv auf die Einkommenshöhe aus. Auch hier erzielen in Sozietäten angestellte promovierte Rechtsanwälte mit 68.600 € die höchsten Einkünfte. Ein Master of Laws beeinflusst die Einkünfte zwar positiv, bei weitem aber nicht so stark wie die zuvor aufgeführten Examensergebnisse oder die Promotion.

Neben der fachlichen Qualifikation beeinflusst die zeitliche Arbeitsintensität die Höhe der Jahresbruttoeinkommen. Angestellte Anwälte und freie Mitarbeiter in Sozietäten, die 50 oder mehr Wochenstunden leisten, werden deutlich besser entlohnt als ihre Kollegen, die weniger als 50 Stunden in der Woche arbeiten. Bei in Einzelkanzleien angestellten Rechtsanwälten besteht dieser Zusammenhang nicht.

Frauen verdienen unabhängig von der Art des Beschäftigungsverhältnisses und der Kanzleiform deutlich weniger als ihre männlichen Kollegen.[59] Im Einzelnen ergeben sich eklatante Differenzen in den durchschnittlichen Einkommen, die je nach Kanzleiform bei 6.000 € bis knapp 8.000 € jährlich zum Nachteil der Rechtsanwältinnen liegen. Rechtsanwältinnen erreichen je nach Kanzleiform im Mittel nur zwischen 78% und 87% des Gehalts ihrer männlichen Kollegen.

Diese Unterschiede verweisen auf zwei weiterführende Aspekte: Zum einen wird in der Anwaltschaft nach wie vor Rechtsanwältinnen bei gleicher Arbeitszeit offenkundig eine spezielle Opferbereitschaft abverlangt,[60] zum anderen finden sich – möglicherweise unter dem Druck der schwierigen Marktverhältnisse – in nennenswertem Umfang junge Juristinnen, die Arbeitsverträge zu derartigen Konditionen akzeptieren. Diese geschlechtsspezifischen Einkommensunterschiede sind allerdings keine Besonderheit des Anwaltsberufs, sondern finden sich in allen Beschäftigtengruppen. Die entsprechenden Werte liegen bei einer Prozentuierung auf das durchschnittliche Einkommen männlicher Einkommensbezieher bei weiblichen Selbständigen aller Statusgruppen 87%, bei Angestellten 70% und bei Arbeiterinnen 67%.[61]

[59] Diese Unterschiede lassen sich nicht auf den höheren Anteil teilzeitbeschäftigter Anwältinnen zurückführen, da hier nur vollzeitbeschäftigte Anwältinnen und Anwälte verglichen werden.

[60] Vgl. Hommerich (1988), S. 118 und Hommerich (2001a), S. 164.

[61] Bundesministerium für Familie, Senioren, Frauen und Jugend (2005), Kap. 3.4.

Tab. 16: Durchschnittliche Jahresbruttoeinkünfte angestellter Anwälte und freier Mitarbeiter nach individuellen Faktoren, Beschäftigungsverhältnis und Kanzleiform[62]

	angestellte Rechtsanwälte in EK und BG	angestellte Rechtsanwälte in Sozietäten	freie Mitarbeiter in EK und BG[63]	freie Mitarbeiter in Sozietäten
1. Staatsexamen*				
Prädikatsexamen	32.500 €	66.100 €	24.000 €	34.000 €
kein Prädikatsexamen	29.600 €	37.200 €	28.400 €	33.600 €
2. Staatsexamen*				
Prädikatsexamen	26.100 €	66.900 €	24.000 €	37.500 €
kein Prädikatsexamen	30.500 €	40.600 €	28.400 €	32.900 €
Doppelprädikat*				
Doppelprädikat	27.800 €	71.000 €	keine Angaben	38.300 €
kein Doppelprädikat	30.200 €	41.600 €	28.100 €	33.100 €
Promotion*				
Promotion	42.900 €	68.600 €	keine Angaben	45.500 €
keine Promotion	29.500 €	42.200 €	28.100 €	33.100 €
Master of Laws*				
LL.M.	keine Angaben	62.200 €	50.000 €	50.000 €
kein LL.M.	30.000 €	47.200 €	26.600 €	33.100 €
wöchentliche Arbeitszeit*				
50 Stunden und länger	29.500 €	54.500 €	33.000 €	34.800 €
unter 50 Stunden	30.500 €	36.300 €	24.100 €	31.800 €
Geschlecht				
männlich	31.800 €	52.000 €	keine Angaben	35.700 €
weiblich	25.700 €	45.000 €	keine Angaben	28.000 €

*p<=0,05

[62] Aus Gründen der Vergleichbarkeit wurden nur die vollzeittätigen Anwältinnen und Anwälte berücksichtigt.

[63] Der Vergleich der Einkommenshöhe nach Beschäftigungsverhältnis und Kanzleiform erfolgt aufgrund der schwachen Besetzung der Gruppe der freien Mitarbeiter in Einzelkanzleien schwerpunktmäßig in der Gruppe der Rechtsanwälte im Angestelltenverhältnis.

Neben den personenbezogenen Einflussfaktoren wirken sich auch marktbezogene Determinanten auf die wirtschaftliche Situation der angestellten Anwälte und freien Mitarbeiter aus. Die Ergebnisse werden in Tabelle 17 ausgewiesen.

Angestellte und frei mitarbeitende Anwälte, die eine Spezialisierung[64] vorweisen können, erzielen höhere Jahresbruttoeinkünfte als generalistisch ausgerichtete Kollegen.[65] In Sozietäten angestellte Rechtsanwälte, die auf ein bestimmtes Gebiet spezialisiert sind, beziehen mit 55.900 € die relativ höchsten Einkünfte. Der Einkommensunterschied zu Kollegen, die keine Spezialisierung vorweisen, beträgt durchschnittlich knapp 20.000 € pro Jahr.

Eine Schwerpunktsetzung der Kanzleien im Sinne einer Konzentration auf bestimmte Zielgruppen[66] hat ebenfalls einen positiven Effekt auf die Einkommenshöhe der dort beschäftigten Anwälte. Auch hier ist diese Auswirkung besonders bei den in Sozietäten angestellten Rechtsanwälten zu beobachten. Mit durchschnittlich 55.000 € werden angestellte Anwälte und freie Mitarbeiter von zielgruppenorientierten Sozietäten höher bezahlt als von Sozietäten, die auf Schwerpunktsetzung verzichten.

Bei Betrachtung der Ortsgröße des Standortes der Kanzlei ist ebenfalls ein positiver Zusammenhang mit der Einkommenshöhe festzustellen. Angestellte Anwälte und freie Mitarbeiter, die in Städten mit mehr als 500.000 Einwohnern tätig sind, erzielen ein höheres Bruttoeinkommen als Anwälte, die in kleineren Orten ihrem Beruf nachgehen. Dabei ist die Differenz zwischen den in Sozietäten angestellten Anwälten mit knapp 24.000 € besonders groß. Eine Erklärung hierfür ist, dass die international ausgerichteten Großkanzleien, die im Jahr 2003 Einstiegsgehälter von 70.000 € und mehr zahlten, ganz überwiegend in den anwaltlichen Ballungszentren Frankfurt, Düsseldorf, Köln, Hamburg, München, Stuttgart und Berlin ansässig sind. Allerdings ist die ortsgrößenabhängige Abweichung auch in Kleinkanzleien feststellbar: Angestellte in Einzelkanz-

---

[64] Vgl. hierzu Kilger (2004), S. 85-94.

[65] Die Einstufung als Spezialist oder Generalist erfolgte nach einer Selbsteinschätzung der Anwälte.

[66] Die Befragten wurden aufgefordert, die Zielgruppen zu nennen, auf die sich die Kanzlei, in der sie tätig sind, mittelfristig (3-5 Jahre) ausrichtet.

leien, die in Städten mit weniger als 500.000 Einwohnern ansässig sind, erzielen etwa nur 86% des Einkommens ihrer Kollegen, die in größeren Städten tätig sind.

Eine weitere auffällige Differenzierung ergibt sich bei einem Vergleich der Einkommenssituation in Ost- und Westdeutschland. Eine entsprechende Analyse ist von besonderem Interesse, weil die Einkommenssituation für viele freie Berufe in Ostdeutschland seit der Wiedervereinigung durch einen sog. „Gebührenabschlag Ost“ geprägt ist, durch den der Staat die schwächere Wirtschaftskraft in den fünf neuen Bundesländern abfedern will. Dieser Gebührenabschlag Ost betrug für Rechtsanwälte bis 30. Juni 1996 20% und bis 30. Juni 2004 10%. Mit Inkrafttreten des RVG zum 1. Juli 2004 ist der Gebührenabschlag Ost abgeschafft worden. Für junge Rechtsanwälte existiert allerdings weiterhin ein „Einkommensabschlag Ost“: Angestellte Rechtsanwälte in Sozietäten in Ostdeutschland erzielen nur 76% des Einkommens ihrer westdeutschen Kollegen. Mit 61% ist der Unterschied bei angestellten Rechtsanwälten in Einzelkanzleien und Bürogemeinschaften noch eklatanter.

Das Einkommen von angestellten Rechtsanwälten in Sozietäten variiert deutlich nach Kanzleigröße, gemessen über die Zahl der anwaltlichen Berufsträger. In Sozietäten mit über zehn anwaltlichen Berufsträgern verdienen angestellte Anwälte im Schnitt mehr als doppelt so viel wie ihre Kollegen aus Kanzleien mit bis zu vier Rechtsanwälten. Die Entlohnung der freien Mitarbeiter in Sozietäten weist demgegenüber keine Schwankungen nach Kanzleigröße auf.

Tab. 17: Durchschnittliche Jahresbruttoeinkünfte angestellter Anwälte und freier Mitarbeiter nach marktbezogenen Faktoren, Beschäftigungsverhältnis und Kanzleiform

	angestellte Rechtsanwälte in EK und BG	angestellte Rechtsanwälte in Sozietäten	freie Mitarbeiter in EK und BG[67]	freie Mitarbeiter in Sozietäten
Spezialisierung				
Spezialist	31.900 €	55.900 €	28.700 €	36.100 €
Generalist	27.600 €	35.100 €	27.600 €	29.900 €
Zielgruppenorientierung				
Zielgruppe	30.600 €	55.000 €	26.500 €	37.600 €
keine Zielgruppe	29.700 €	31.900 €	32.800 €	29.300 €
Ortsgröße				
500.000 EW und mehr	33.200 €	59.400 €	29.000 €	35.100 €
unter 500.000 EW	28.500 €	35.700 €	27.700 €	33.000 €
Ost- und Westdeutschland[68]				
Westdeutschland	32.400 €	50.200 €	29.300 €	33.900 €
Ostdeutschland	19.700 €	38.100 €	12.100 €	30.500 €
Kanzleigröße				
Sozietät mit bis zu 4 Rechtsanwälten	keine Angaben	30.900 €	keine Angaben	33.800 €
Sozietät mit 5 bis 9 Rechtsanwälten		41.400 €		33.600 €
Sozietät mit mehr als 10 Rechtsanwälten		62. 300 €		33.500 €

p<=0,05

3.4. Spezialisierungen der Anwaltskanzleien und der Rechtsanwälte

Wachsende Anwaltszahlen und steigender Wettbewerbsdruck am Beratermarkt kennzeichnen den Markt für Rechtsdienstleistungen. Dies verstärkt den Zwang zur Profilie-

[67] Der Vergleich der Einkommenshöhe nach Beschäftigungsverhältnis und Kanzleiform erfolgt aufgrund der schwachen Besetzung der Gruppe der freien Mitarbeiter in Einzelkanzleien schwerpunktmäßig in der Gruppe der Rechtsanwälte im Angestelltenverhältnis.

[68] Die Unterteilung in Ost- und Westdeutschland erfolgte durch die Zuordnung der in der Befragung angegebenen Postleitzahlen zu den ACNielsen Gebieten.

rung durch eine klare strategische Ausrichtung von Kanzleien.[69] Solch eine Ausrichtung und Profilierung kann vor allem in klarer Schwerpunktsetzung oder auch echter Spezialisierung liegen.[70] Zunehmende Spezialisierung kann auch als Reaktion auf eine zunehmende Komplexität des Rechts in Folge komplexerer Lebenssachverhalte hinweisen. Im folgenden Abschnitt soll daher untersucht werden, ob und inwieweit angestellte Anwälte bzw. freie Mitarbeiter bereits spezialisiert sind bzw. die Absicht haben, sich zu spezialisieren.

3.4.1. Fachanwaltschaften und Spezialisierungen

Fast alle befragten angestellten Anwälte und freien Mitarbeiter hatten zum Befragungszeitpunkt noch keinen Fachanwaltstitel erworben. Allerdings streben 51% der Rechtsanwälte im Angestelltenverhältnis und 57% der freien Mitarbeiter in den nächsten drei Jahren einen Fachanwaltstitel an.

Differenziert nach Kanzleiform zeigt sich, dass Rechtsanwälte, die in Einzelkanzleien oder Bürogemeinschaften angestellt sind, am häufigsten die Absicht haben, einen Fachanwaltstitel zu erwerben (Tab. 18).

Tab. 18: Anstreben eines Fachanwaltstitels in den nächsten drei Jahren nach Beschäftigungsverhältnis und Kanzleiform

	angestellte Rechtsanwälte in EK und BG	angestellte Rechtsanwälte in Sozietäten	freie Mitarbeiter in EK und BG	freie Mitarbeiter in Sozietäten
Fachanwaltstitel angestrebt	63%	48%	55%	58%
Fachanwaltstitel nicht angestrebt	37%	52%	45%	42%

p<=0,05

Sortiert nach der Häufigkeit, in der Fachanwaltstitel angestrebt werden, ergibt sich folgendes Bild (Tab. 19):[71] Steuerrecht, Arbeitsrecht, Familienrecht, Insolvenzrecht und

[69] Vgl. hierzu Schulte (2005), S. 397ff.

[70] Vgl. hierzu Abel (2003), S. 89ff. und Oppel (2005).

[71] Es wurden nur solche Fachanwaltstitel aufgeführt, die von mehr als zehn Befragten genannt wurden.

Strafrecht sind die bevorzugten Rechtsgebiete, in denen ein Fachanwaltstitel angestrebt wird. Knapp ein Drittel der freien Mitarbeiter und angestellten Anwälte in Sozietäten strebt einen Fachanwaltstitel im Steuerrecht an. Demgegenüber verfolgen nur neun Prozent der in Einzelkanzleien oder Bürogemeinschaften angestellten Anwälte diese Absicht. Mit 13% und 15% beabsichtigen am häufigsten in Sozietäten angestellte Anwälte und freie Mitarbeiter den Fachanwaltstitel für Insolvenzrecht zu erwerben. Einen Fachanwaltstitel für Strafrecht fassen mit 19% deutlich mehr angestellte Anwälte in Einzelkanzleien und Bürogemeinschaften ins Auge als ihre Kollegen in Sozietäten und freie Mitarbeiter.

Tab. 19: Die meistgenannten angestrebten Fachanwaltstitel nach Beschäftigungsverhältnis und Kanzleiform

	Anteil an allen Fachanwaltschaften*	angestellte Rechtsanwälte in EK und BG	angestellte Rechtsanwälte in Sozietäten	freie Mitarbeiter in EK und BG	freie Mitarbeiter in Sozietäten
Steuerrecht	19%	9%	31%	27%	27%
Arbeitsrecht	30%	28%	23%	46%	15%
Familienrecht	30%	22%	11%	18%	23%
Insolvenzrecht	3%	9%	13%	9%	15%
Strafrecht	8%	19%	7%	9%	4%

Mehrfachnennungen möglich!

*Quelle: BRAK

Unabhängig von den förmlichen Spezialisierungen ist die Selbsteinschätzung als Generalist bzw. Spezialist zu sehen. Abbildung 34 verdeutlicht, dass sich die Mehrheit der Anwälte im Angestelltenverhältnis und in freier Mitarbeit bereits auf einen Bereich spezialisiert hat. Bei einer Tätigkeit in Sozietäten geschieht dies offensichtlich besonders schnell. Sowohl bei angestellten als auch bei frei mitarbeitenden Rechtsanwälten in Sozietäten liegt der Spezialistenanteil deutlich über dem von Anwälten, die in Einzelkanzleien oder Bürogemeinschaften beschäftigt sind. Mehr als zwei Drittel der in Sozietäten angestellten Rechtsanwälte haben sich auf ein Gebiet spezialisiert. Freie Mitarbeiter in Einzelkanzleien oder Bürogemeinschaften bezeichnen sich hingegen mehrheitlich als Generalisten.

Abb. 34: Generalist oder Spezialist

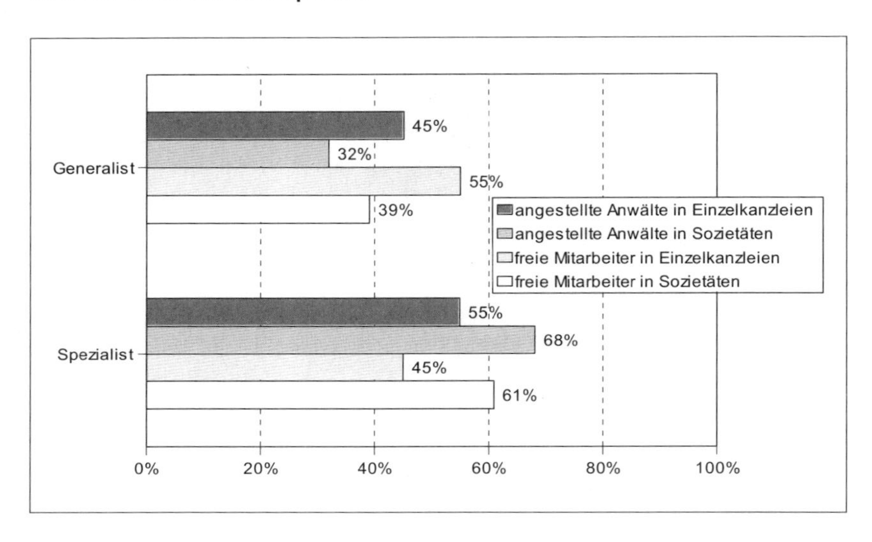

Insgesamt zeigt sich an den Selbsteinstufungen der jungen Anwälte als Generalist oder Spezialist eine deutliche Tendenz zur Spezialisierung. Sie ist bei Junganwälten in Sozietäten deutlich stärker ausgeprägt als in Einzelkanzleien.

3.5. Soziale Absicherung

Die Befragten wurden gebeten, über ihre Altersvorsorge und ihre Absicherung gegen Krankheitsrisiken Auskunft zu geben. Es zeigt sich, dass freie Mitarbeiter erwartungsgemäß deutlich häufiger als angestellte Anwälte altersbezogene Vermögensanlagen tätigen (39% gegenüber 28%) (Abb. 35).

Bei der Absicherung gegen Krankheitsrisiken zeigen sich ebenfalls deutliche Unterschiede (Abb. 36). Während 72% der angestellten Anwälte gesetzlich und 28% privat krankenversichert sind, sind 60% der freien Mitarbeiter in einer privaten Krankenkasse versichert und nur 40% Mitglieder in einer gesetzlichen Kasse. Die freien Mitarbeiter, die gesetzlich krankenversichert sind, sind vermutlich schon im Vorfeld einer versicherungspflichtigen Tätigkeit nachgegangen und haben eine freiwillige Weiterversicherung vereinbart. Immerhin zwei Prozent der freien Mitarbeiter geben an, nicht abgesichert zu sein.

Abb. 35: Altervorsorge der angestellten Anwälte und freien Mitarbeiter

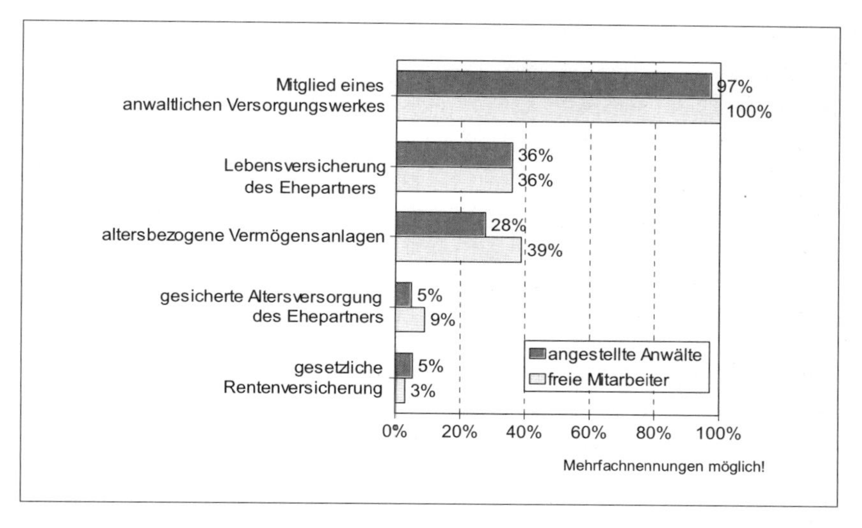

Abb. 36: Absicherung gegen Krankheitsrisiken bei angestellten Anwälten und freien Mitarbeitern

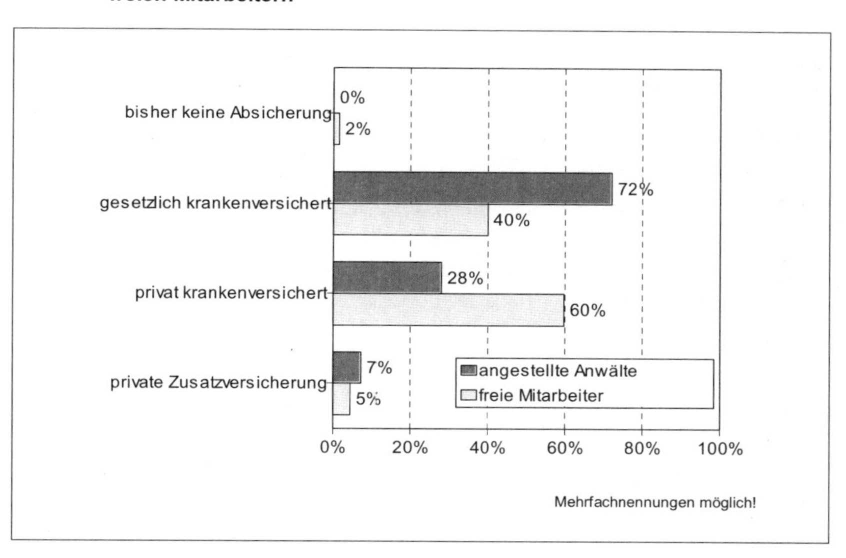

3.6. Berufliche Ziele

Die angestellten Anwälte und die freien Mitarbeiter wurden nach ihren künftigen beruflichen Zielen befragt. Die Ergebnisse zeigen, dass knapp ein Viertel der angestellten Anwälte und freien Mitarbeiter nicht auf eine anwaltliche Tätigkeit im engeren Sinne festgelegt ist (Tab. 20). Dieser Anteil ist im Vergleich zur Befragung von 1997 von 16% auf 23% gestiegen.[72] Dies bestätigt die schon zu Beginn getroffene Feststellung, dass die Unsicherheit über die endgültige Berufswahl gestiegen ist. Eine völlige Aufgabe des Anwaltberufs ziehen 12% der Befragten in Erwägung. In der Gruppe der freien Mitarbeiter in Sozietäten ist mit 19% der Anteil der Anwälte überdurchschnittlich hoch, die auch einen Ausstieg aus dem Anwaltsberuf in Betracht ziehen.

Insgesamt 37% der angestellten Anwälte und freien Mitarbeiter streben eine Übernahme als Sozius an. Dabei verfolgen mit 55% die freien Mitarbeiter, die in Sozietäten tätig sind, dieses Berufsziel stärker als ihre in Sozietäten fest angestellten Kollegen (39%). In Einzelkanzleien angestellte Anwälte verfolgen mit 18% vergleichsweise selten eine Übernahme als Sozius. Eine mit 37% gleichgroße Gruppe der angestellten Anwälte und freien Mitarbeiter möchte das derzeitige Beschäftigungsverhältnis beibehalten. Hier zeigt sich, dass der berufliche Status nicht durchweg als Durchgangsstadium betrachtet werden kann.

Nur insgesamt 10% der Angestellten und freien Mitarbeiter streben die Neugründung einer Kanzlei an. Die Differenzierung nach Beschäftigungsverhältnis und Kanzleiform zeigt, dass ein Fünftel der angestellten Anwälte in Einzelkanzleien eine Gründung plant. Der Anteil der angestellten Anwälte in Einzelkanzleien liegt hier erwartungsgemäß höher als jener der Kollegen, die in Sozietäten tätig sind, weil sie auch seltener eine Übernahme als Partner anstreben. Auffallend niedrig ist der Anteil der freien Mitarbeiter in Einzelkanzleien, von denen nur fünf Prozent eine Neugründung anstreben.

---

[72] Vgl. Hommerich (2001a), S. 167f.

Tab. 20: Berufliche Ziele nach Beschäftigungsverhältnis und Kanzleiform

	insgesamt	angestellte Rechtsanwälte in EK und BG	angestellte Rechtsanwälte in Sozietäten	freie Mitarbeiter in EK und BG	freie Mitarbeiter in Sozietäten
Beibehaltung des derzeitigen Arbeitsverhältnisses	37%	44%	39%	35%	25%
Übernahme als Sozius	37%	18%	39%	30%	55%
nicht auf anwaltliche Tätigkeit festgelegt	23%	28%	22%	25%	23%
Aufgabe des Anwaltberufs	12%	8%	12%	10%	19%
Neugründung einer Kanzlei	10%	20%	8%	5%	7%

Mehrfachnennungen möglich!

Eine Differenzierung der beruflichen Ziele nach Geschlecht und Examensnote zeigt, dass – unabhängig von der Examensnote – mehr Frauen als Männer das derzeitige Arbeitsverhältnis beibehalten wollen (Tab. 21). Ihre männlichen Kollegen streben demgegenüber häufiger eine Übernahme als Sozius an.

Tab. 21: Berufliche Ziele angestellter Anwälte und freier Mitarbeiter nach Geschlecht und Ergebnis im zweiten Staatsexamen

Berufliche Ziele	Frauen				Männer			
	insgesamt	Ergebnisse des 2. Staatsexamens			insgesamt	Ergebnisse des 2. Staatsexamens		
		Prädikat	Befriedigend	Ausreichend		Prädikat	Befriedigend	Ausreichend
Beibehaltung des derzeitigen Arbeitsverhältnisses	47%	50%	43%	51%	31%	32%	29%	32%
Übernahme als Sozius	19%	27%	20%	12%	50%	61%	49%	37%

Mehrfachnennungen möglich!

Betrachtet man ausschließlich den Zusammenhang zwischen beruflichen Zielen und fachlicher Qualifikation, so wird deutlich, dass angestellte Rechtsanwälte und freie Mitarbeiter, die ihr zweites Examen mit Prädikat abgeschlossen haben, häufiger eine

Übernahme als Partner anstreben als ihre Kollegen mit schlechteren Ergebnissen (Frauen 27%, Männer 61%).

Insgesamt zeigt sich hier einerseits ein klarer Zusammenhang zwischen fachlicher Kompetenz und beruflichen Zielen und andererseits eine hiervon unabhängige geschlechtsspezifische Differenzierung dieser Ziele. Dabei wird erkennbar, dass Frauen ein stärkeres Interesse an einer Festanstellung haben.

4. Die berufliche Situation der Kanzleigründer: Das „Soldan-Gründungsbarometer“

Ein Drittel des Zulassungsjahrgangs wagt den Schritt in die unternehmerische Freiheit und gründet eine Kanzlei. Diese Gründer lassen sich anhand der Wahl der Organisationsform ihrer Kanzleigründung in drei verschiedene Gruppen unterteilen: Zwei Drittel der Neugründer wählen als Kanzleiform die Einzelkanzlei. 19% gehen eine Bürogemeinschaft ein. 15% der Befragten gründen gemeinsam mit einem oder mehreren Partnern eine Sozietät.

4.1. Motive zur Gründung von Kanzleien

Als wichtigstes Motiv für die Gründung einer eigenen Kanzlei geben knapp zwei Drittel der Befragten (61%) den Wunsch nach einer selbständigen Tätigkeit an (Abb. 37). Demgegenüber äußern 42%, aufgrund fehlender Aussicht auf eine andere Stelle den Weg in die Selbständigkeit gewählt zu haben. 14% der Gründer wechselten in die Selbständigkeit, nachdem sie aus ihrer Sicht schlechte Erfahrungen als angestellte Anwälte oder freie Mitarbeiter gemacht hatten. Alle anderen Motive spielen bei den Kanzleigründungen eher eine untergeordnete Rolle.

Im Vergleich zu 1997 wird der Wunsch nach einer selbständigen Tätigkeit von erheblich weniger Befragten (Differenz: 15%) geäußert. Fehlende Aussichten auf eine anderweitige Stelle haben inzwischen einen deutlich höheren Stellenwert (Differenz: 22%).

Dies ist ein klarer Hinweis auf eine deutliche Verschärfung der Lage auf dem Arbeitsmarkt, der von einer sinkenden Nachfrage nach Juristen gekennzeichnet ist.[73] Dennoch kann die Gründung einer eigenen Kanzlei nicht ausschließlich aus einem übersättigten Anwaltsmarkt erklärt werden, da der überwiegende Teil der Befragten noch immer eine selbständige Berufsausübung wünscht.

[73] Vgl. Zentralstelle für Arbeitsvermittlung (ZAV) (2005), S. 35.

Abb. 37: Motive für die Neugründung einer Kanzlei / Sozietät / Bürogemeinschaft 1997 / 2004

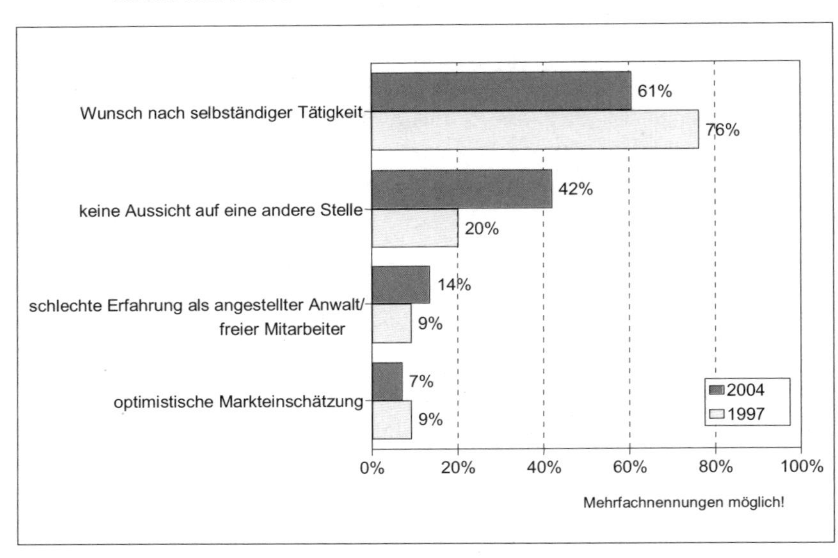

Differenziert nach der Kanzleiform, die von den Gründern gewählt wird, ergeben sich erhebliche Unterschiede hinsichtlich der Motive für eine Kanzleigründung (Abb. 38).

Eine große Mehrheit von 85% der Sozietätsgründer weist eine spezifisch auf eine selbständige Anwaltstätigkeit gerichtete Motivation auf. Demgegenüber werden deutlich weniger selbständige Einzelanwälte (57%) und Gründer von Bürogemeinschaften (52%) vom Gedanken an die Selbständigkeit angespornt.

Unter Gründern von Einzelkanzleien und Bürogemeinschaften ist die fehlende Aussicht auf eine Stelle als Motiv erheblich stärker ausgeprägt (43% bzw. 52%) als bei den Gründern von Sozietäten (30%). Offenbar agieren Sozietätsgründer in einem viel höheren Maße aus eigenem Antrieb heraus, während die Gründungen von Einzelkanzleien und Bürogemeinschaften stärker als Reaktion auf den schwachen Arbeitsmarkt gesehen werden können.

Abb. 38: Motive für die Neugründung einer Kanzlei / Sozietät / Bürogemeinschaft nach Kanzleiform

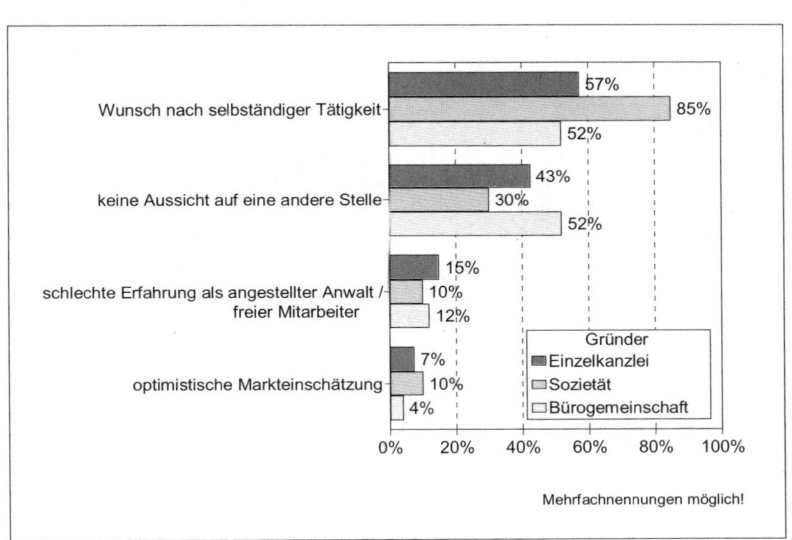

4.2. Wahl der Organisationsform

In einem nächsten Schritt wird untersucht, von welchen Motiven die spezielle Wahl der Organisationsform der zu gründenden Kanzlei getragen ist. Von den Gründern entscheiden sich zwei Drittel für die Gründung einer Einzelkanzlei, 19% für eine Bürogemeinschaft und 15% für eine Sozietät (Abb. 39).

Hauptmotiv war für 46% der Einzelkanzleigründer die Bewahrung der Unabhängigkeit und des persönlichen Gestaltungsspielraums (Abb. 40). 28% der Einzelanwälte geben an, keinen geeigneten Partner für eine Sozietätsgründung gefunden zu haben. 23% der Gründer von Einzelkanzleien wählen diese Organisationsform wegen geringer Investitionskosten, weitere 12% geben an, eine solche Gründung sei schnell und ohne hohes Risiko realisierbar. Insgesamt zeigt sich, dass Risikovermeidung ein sehr starkes Motiv für die Wahl der Organisationsform ist, positive Motive etwa hinsichtlich der Wahrnehmung von Chancen demgegenüber nicht genannt werden.

Abb. 39: Organisationsform bei Gründung

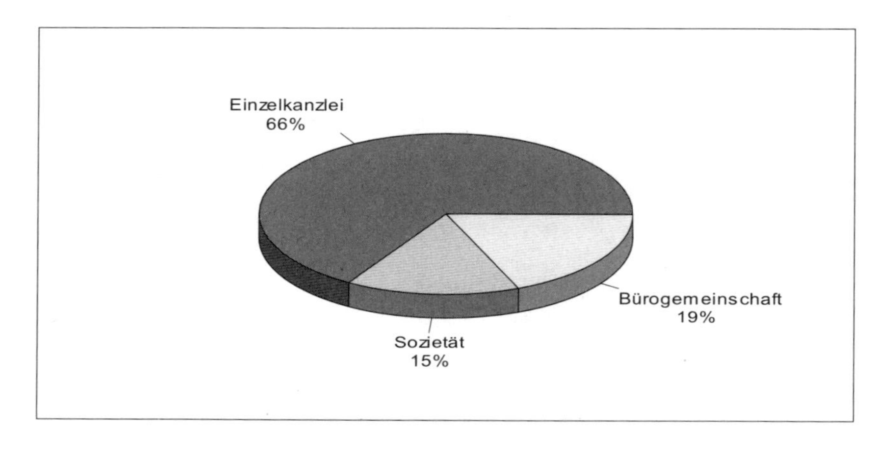

Abb. 40: Motive für die Neugründung einer Einzelkanzlei

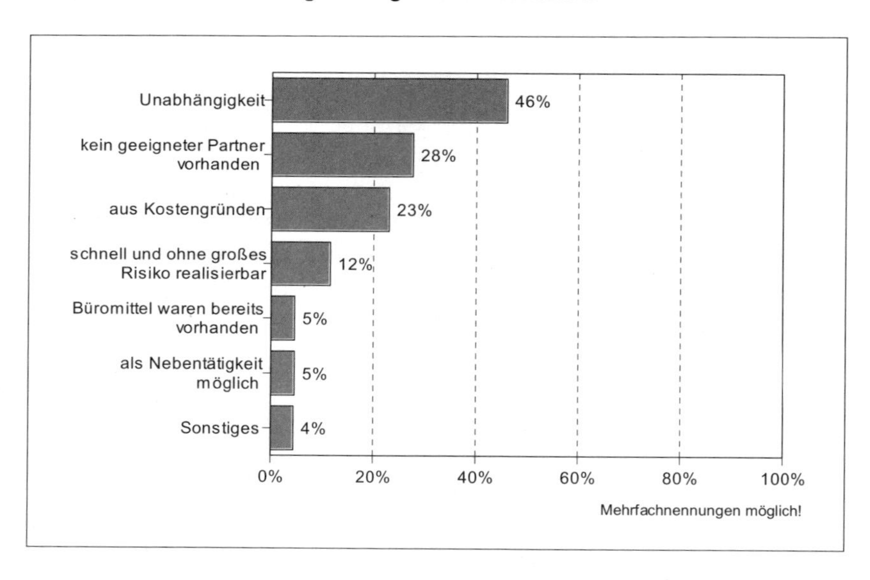

Dies gilt in noch stärkerer Ausprägung für die Gründung von Bürogemeinschaften (Abb. 41). Gründer wählen diese Kanzleiform vor allem, um ihr Kostenrisiko zu mindern (44%). Für 36% ist der Austausch mit Kollegen, der in einer Bürogemeinschaft im Vergleich zu einer Einzelkanzlei möglich ist, ein Beweggrund. Weitere Motive sind die Option der Haftungsteilung sowie die Wahrung der persönlichen Unabhängigkeit.

Abb. 41: Motive für die Neugründung einer Bürogemeinschaft

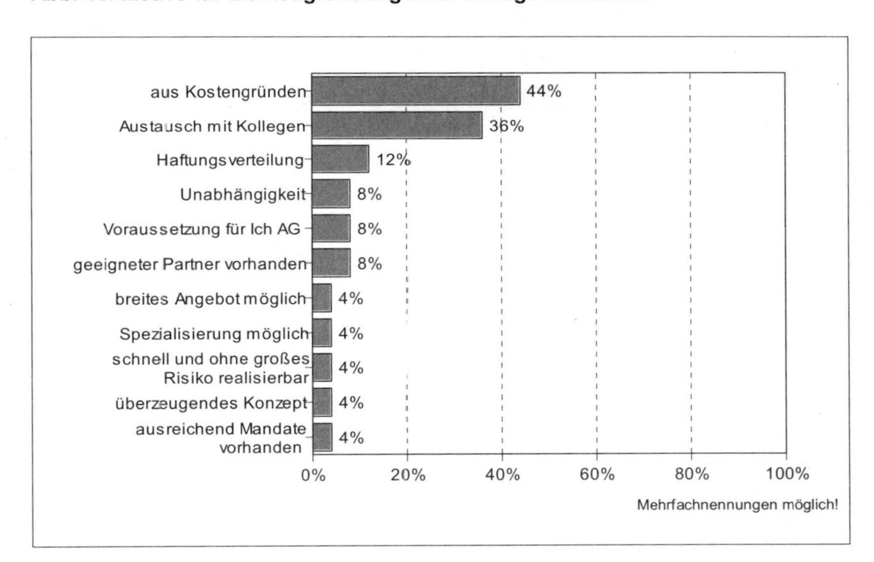

Befragt nach den Beweggründen für die Wahl der jeweiligen Organisationsform ihrer Kanzleien, stellen die Gründer von Sozietäten die Möglichkeit zu kontinuierlichem Austausch mit ihren Partnern in den Vordergrund (30%) (Abb. 42). 25% der Sozietätsgründer finden frühzeitig einen Partner, mit dem sie den Schritt in die Selbständigkeit wagen können. Kostengründe spielen für 20% eine Rolle, allerdings wesentlich seltener als für die Gründer einer Bürogemeinschaft. Ein Fünftel der Sozietätsgründer sieht die Möglichkeit eines gemeinsamen Außenauftritts als positiv und hilfreich an. Ein weiteres Fünftel der Sozien verweist auf die Möglichkeit zur Spezialisierung innerhalb einer Sozietät und zu einem breiten Angebot auf dem Markt.

Abb. 42: Motive für die Neugründung einer Sozietät

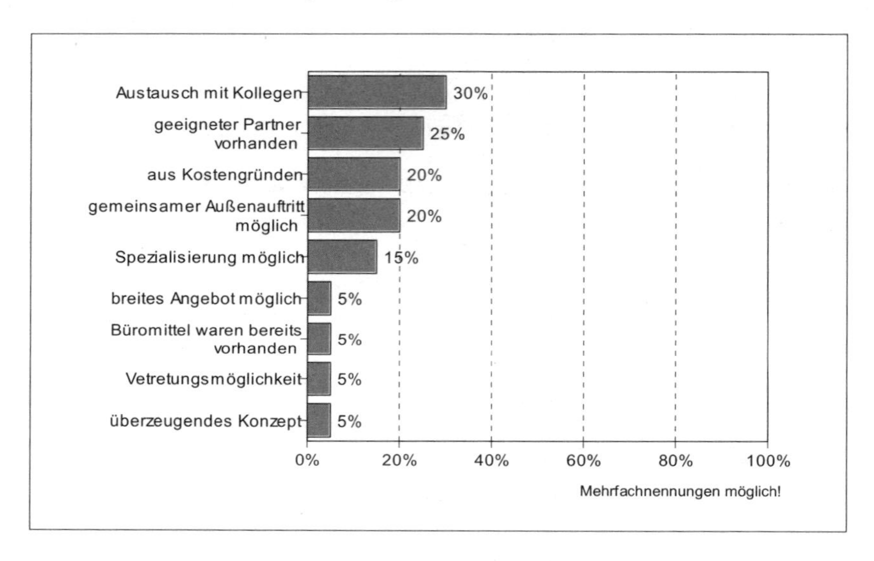

Die Ergebnisse verdeutlichen, dass für die Wahl der Organisationsform sehr unterschiedliche Motive ausschlaggebend sind. Während für Gründer von Einzelkanzleien vor allen Dingen ihre Unabhängigkeit im Vordergrund steht, wird die Organisationsform der Bürogemeinschaft vorrangig aus Kostengründen gewählt. In beiden Gruppen ist die Tendenz zur Risikominimierung stark ausgeprägt und damit ein Motiv bestimmend, das für Unternehmensgründer ansonsten äußerst ungewöhnlich ist. Sozietätsgründer hoffen vor allem von der engen Zusammenarbeit mit den Partnern zu profitieren und gleichzeitig die Möglichkeit zu haben, sich fachlich zu spezialisieren (15%). Hier werden also eher chancenorientierte Motive erkennbar.

4.3. Gründungsplanung

Nach Betrachtung der Einstiegsmotive in die berufliche Selbständigkeit sollen im Folgenden das Management und die Finanzierung der Kanzleigründung im Einzelnen betrachtet werden.

4.3.1. Gründungsberatung

Dabei ist zunächst von Interesse, ob die Neugründer eine Gründungsberatung in Anspruch nehmen. Trotz der Tatsache, dass eine „unzureichende Planung und mangelnde kaufmännische Erfahrung von jungen Juristen“[74] als Hauptursache für das Scheitern von Kanzleigründungen angesehen wird, nutzt eine deutliche Mehrheit von 83% der Befragten die einschlägigen Beratungsangebote nicht. Im Vergleich zu 1997 ist der Anteil derer, die sich in der Gründungsphase ihres Unternehmens nicht beraten lassen, nochmals um 11% gestiegen.[75]

Differenziert nach Kanzleiform ergeben sich signifikante Unterschiede zwischen den Neugründern. Während sich ein Viertel der Gründer von Sozietäten beraten lässt, nehmen lediglich 20% der Kanzleigründer und nur 15% der Gründer von Bürogemeinschaften entsprechende Beratung in Anspruch. Insgesamt ergeben sich aus der Analyse damit deutliche Hinweise auf eine abnehmende Professionalisierung der Kanzleigründungen.

4.3.2. Businessplan

Dem weitgehenden Verzicht auf die Inanspruchnahme von Gründungsberatung entspricht der Verzicht auf die Erstellung eines Businessplans. 61% der befragten Gründer legen ihrer Gründung kein schriftlich formuliertes Konzept zugrunde. Solche Konzepte dienen dazu, strategische Grundentscheidungen unter Einschluss klarer Entwicklungsziele für die zu gründende Kanzlei zu treffen und die betriebswirtschaftlichen Grundlagen der Kanzlei im Sinne einer Planung des Leistungsprogramms, der Personal- und Sachmittelbeschaffung, der Standortplanung und nicht zuletzt der Marketingplanung programmatisch zu fixieren. „Der Businessplan zwingt den Gründer, seine

---

[74] Leis (2004), S. 205.

[75] 1997 wurden verschiedene Antwortmöglichkeiten vorgegeben, unter anderem „Ja, durch einen erfahrenen Anwaltskollegen“. Diese Vorgaben wurden 2004 nicht gemacht, daher u. U. die geringere Zustimmung.

Geschäftsidee systematisch zu durchdenken, deckt Wissenslücken auf, verlangt Entscheidungen und fördert daher strukturiertes und fokussiertes Vorgehen."[76]

Der Verzicht auf eine systematische Businessplanung ist ein Indikator für einen eher diffusen und wenig zielgerichteten Beginn einer Unternehmensgründung. Ein solcher Beginn ist in dem gegenwärtig weitgehend gesättigten Markt allerdings zugleich hoch riskant. Im Planungsverhalten der Gründer sind allerdings Unterschiede nach der Organisationsform der zu gründenden Kanzlei festzustellen (Abb. 43). Ein relativ großer Anteil von 45% der Sozietätsgründer und 44% der Gründer von Bürogemeinschaften erstellt eine solche Planung, wohingegen 36% der Einzelanwälte diese strategische Option nicht in Anspruch nehmen.

Abb. 43: Erstellen eines Businessplans nach Kanzleiform

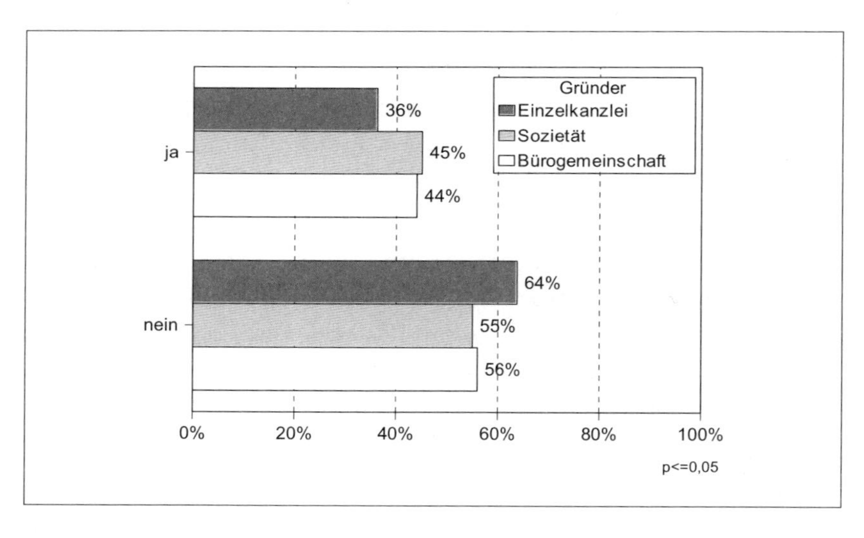

[76] BPW-Nordbayern GmbH (2002), S. 37. Vgl. auch McKinsey & Company, Inc. (1997), S. 45, Hommerich (2004), S. 189 und Axmann (2002), S. 7.

Zusammengenommen werden hier Defizite im Gründungsverhalten erkennbar, die nur durch systematisches Training etwa im Rahmen der Anwaltsausbildung und durch eine bessere Kommunikation bestehender Beratungsangebote beseitigt werden können.

4.3.3. Gründungsfinanzierung

Es wurde bereits gezeigt, dass ein beachtlicher Teil der Gründer das Risiko einer Gründung eher fürchtet. Im Rahmen der Befragung wurden daher sowohl die Art der Gründungsfinanzierung als auch die Höhe der finanziellen Aufwendungen untersucht. Darüber hinaus wurde auch ermittelt, welche einzelnen Aufwendungen im Rahmen einer Kanzleigründung getätigt wurden.

4.3.3.1. Art der Finanzierung

Eine deutliche Mehrheit der Befragten (79%) greift auf Eigenmittel zurück (Abb. 44). Ein Viertel nimmt staatlich geförderte Existenzgründungskredite auf, während 22% sonstige Darlehensformen wählen. Gegenüber 1997 ist der Anteil der Gründer mit Eigenkapital leicht gesunken, während sich der Anteil derjenigen, die staatlich geförderte Kredite bzw. sonstige Subventionen in Anspruch nehmen, ungefähr verdreifacht hat. Entsprechend sind Bankkredite zuletzt deutlich weniger in Anspruch genommen worden als 1997.

Der massive Anstieg der Beanspruchung staatlicher Fördermittel seit 1997 ist hauptsächlich durch das verstärkte Angebot von Förderprogrammen etwa durch die KfW-Mittelstandsbank zu erklären. So können Kanzleigründer über ihre Hausbank bei der KfW-Mittelstandsbank seit 1999 „StartGeld" beantragen. Seit Oktober 2002 kommt die Möglichkeit eines Mikro-Darlehens hinzu, das seit März 2005 um das „Mikro10 Darlehen" ergänzt wurde.[77] Seit Januar 2003 besteht außerdem die Möglichkeit, relativ unkompliziert einen Existenzgründungszuschuss („Ich-AG") zu beantragen. Dies kann

[77] Der Unternehmerkredit firmierte vor der Fusion der KfW und DtA unter den Bezeichnungen KfW-Mittelstandsprogramm und DtA-Existenzgründungsprogramm. Eine detaillierte Beschreibung der Konditionen dieser Förderprogramme findet sich auf der Internetseite der KfW (www.kfw.de) sowie bei Bahr (2004), S. 329 ff.

jedoch nur dann erfolgen, wenn bereits in die Arbeitslosenversicherung eingezahlt wurde.[78] Die Fülle der neuen Programme, die durch Haftungsfreistellungen und Bearbeitungskostenzuschüsse einen besonderen Anreiz bekommen, erklärt die gestiegene Inanspruchnahme staatlich geförderter Existenzgründungskredite.[79]

Abb. 44: Arten der Gründungsfinanzierung 1997 / 2004

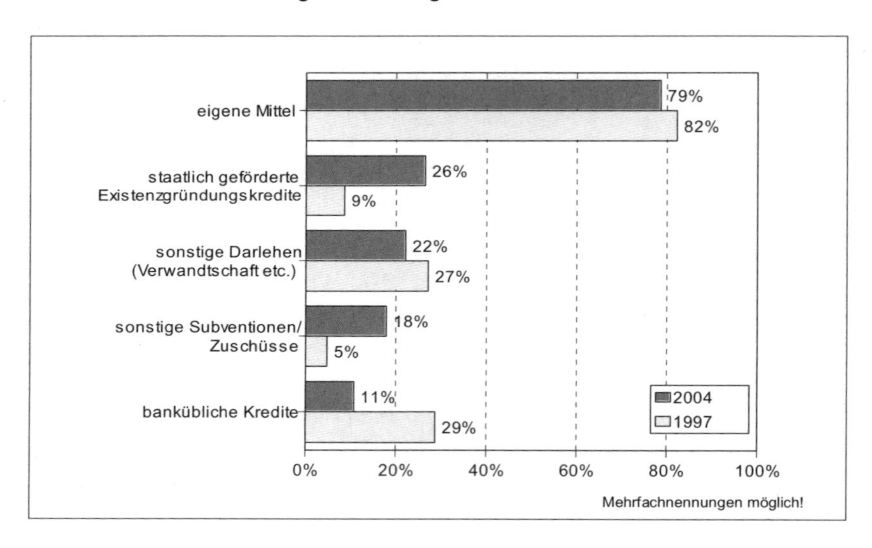

Eine Differenzierung nach Kanzleiform zeigt, dass Gründer von Einzelkanzleien häufiger eigene Mittel aufwenden als andere Neugründer (Abb. 45). Sozietätsgründer und Gründer von Bürogemeinschaften rekurrieren stärker auf andere Finanzierungsmöglichkeiten und gehen so ein höheres Risiko ein. Staatliche Fördermittel und andere

[78] Ein Existenzgründungszuschuss kann nur in Anspruch genommen werden, wenn der Antragssteller bereits in die Arbeitslosenversicherung eingezahlt hat und vor dem Schritt in die Selbständigkeit mindestens vier Wochen lang arbeitslos gemeldet war. Im Normalfall zahlen Junganwälte während ihrer Zeit als Referendar die üblichen Sozialbeiträge, so dass die Voraussetzungen für eine Förderungsbewilligung bereits während der Ausbildung erfüllt werden.

[79] Wenn ein Antrag auf einen Existenzgründungskredit bei der Hausbank gestellt wird, weist diese selbst die Existenzgründer auf staatliche Förderprogramme hin.

Darlehensformen werden am stärksten durch Gründer von Bürogemeinschaften beantragt.

Abb. 45: Arten der Gründungsfinanzierung nach Kanzleiform

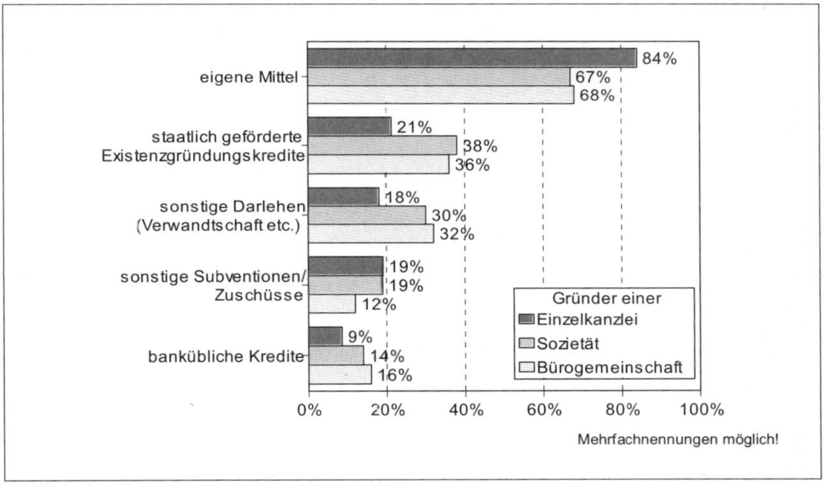

4.3.3.2. Höhe der Investitionen

Die Investitionsvolumina unterscheiden sich je nach Organisationsform der Kanzleien erheblich voneinander. Bei Sozietätsgründungen verteilt sich das Investitionsvolumen auf die einzelnen Partner. Von daher ist es sinnvoll, die Pro-Kopf-Investitionen der einzelnen Gründer miteinander zu vergleichen (Tab. 22). Bei Gründungen von Sozietäten wird mit durchschnittlich 8.100 € pro Partner die höchste Investitionssumme aufgebracht. Gründer von Einzelkanzleien und Bürogemeinschaften investieren mit durchschnittlich 5.300 € bzw. 5.400 € deutlich weniger. Sozietätsgründer liegen mit ihren Gründungsinvestitionen damit im Schnitt ca. 3.000 € höher als ihre Gründerkollegen. Sie nehmen also höhere finanzielle Risiken auf sich als Gründer von Einzelkanzleien.

Tab. 22: Investitionsvolumen bei Kanzleigründung nach Kanzleiform 1997 / 2004

	1997	2004
Gründer Einzelkanzlei	9.100 €	5.300 €
Gründer Sozietät	7.800 €	8.100 €
Gründer Bürogemeinschaft	6.800 €	5.400 €

$p<=0,05$

Ein Vergleich der Jahre 1997 und 2004 zeigt, dass die Höhe der insgesamt getätigten Gründungsinvestitionen bei allen Kanzleiformen deutlich zurückgegangen ist. Der stärkste Rückgang des Investitionsvolumens ist bei den Einzelkanzleien von 9.100 auf 5.300 € zu verzeichnen, während bei den anderen Anwaltspraxen der Rückgang durchschnittlich bei ca. 1.400 € liegt. Allerdings ist die Investitionssumme pro Partner bei Sozietätsgründungen leicht angestiegen.

Ein Vergleich zwischen alten und neuen Bundesländern zeigt, dass Gründer im Westen Deutschlands mit durchschnittlich ca. 6.800 € knapp 1.600 € mehr investieren als die Gründer von Anwaltskanzleien in Ostdeutschland (ca. 5.200 € durchschnittlich).

Betrachtet man den Investitionsaufwand differenziert nach einzelnen Investitionsbereichen, so ergeben sich zwischen den Gründern deutliche Unterschiede (Abb. 46). Vor allem für die Renovierung und die Einrichtung der Büroräume investieren die Sozietätsgründer durchschnittlich über 1.000 € mehr als die anderen Kanzleigründer, während die Differenz der Investitionen in Bürotechnik und EDV-Anlage zwischen diesen beiden Gruppen unter 1.000 € bleibt.

Abb. 46: Einzelne Investitionen bei Kanzleigründung nach Kanzleiform (I)

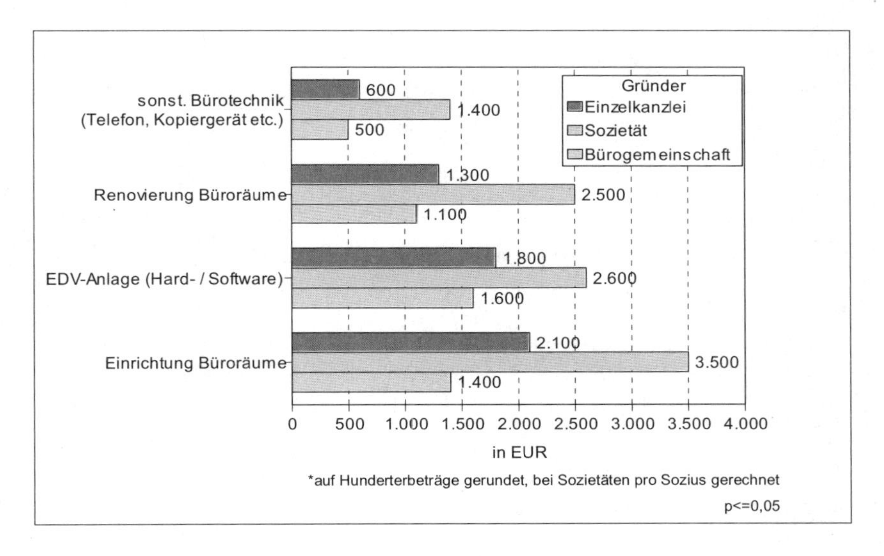

Abb. 47: Einzelne Investitionen bei Kanzleigründung nach Kanzleiform (II)

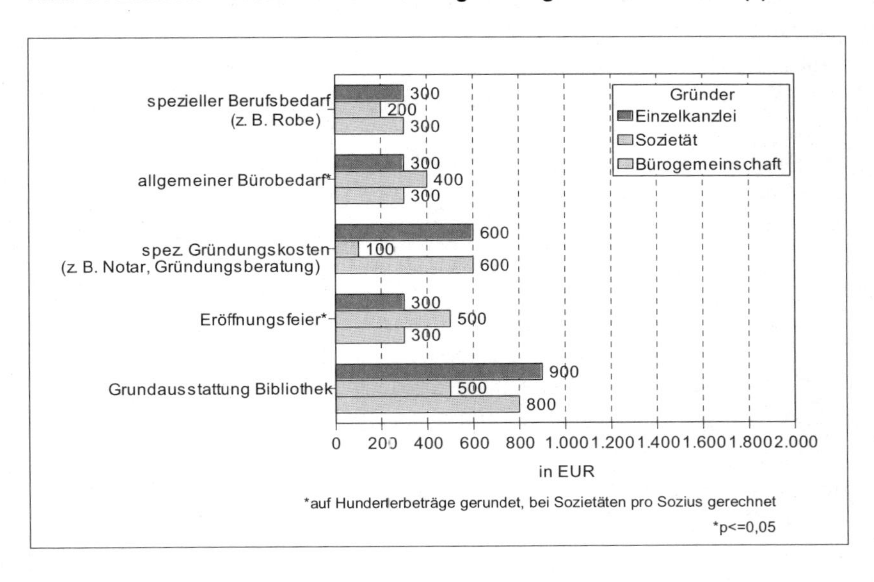

In anderen Investitionsbereichen liegt der persönliche Investitionsanteil für Sozietätsgründer niedriger, da sich der Gesamtbetrag auf mehrere Partner verteilt, anstatt wie in Einzelkanzleien und Bürogemeinschaften von einer Person getragen zu werden, so etwa bei Investitionen in die Grundausstattung einer – in Sozietäten von mehreren Partner genutzten - Bibliothek sowie in speziellen Bürobedarf und Gründungskosten (Abb. 47).[80]

Die unterschiedliche Ausprägung von Risikobereitschaft bei verschiedenen Gründern lässt sich unter anderem an der Wahl der Kanzleiräume verdeutlichen (Tab. 23).

- Eine deutliche Mehrheit der Sozietäten (80%) und Bürogemeinschaften (92%) ist in angemieteten Büroräumen untergebracht.
- Mehr als die Hälfte der Einzelanwälte (53%) übt die Anwaltstätigkeit in der eigenen Wohnung aus, betreibt also so genannte Wohnzimmerkanzleien. Der Anteil dieser Wohnzimmerkanzleien ist seit 1997 um 11% gestiegen. Hingegen sind die Anmietung und das Eigentum von Büroräumlichkeiten leicht zurückgegangen.

Im Ergebnis wird sichtbar, dass die Mehrheit der Einzelanwälte eine Art „Berufseinstieg unter Minimalbedingungen“ versucht und Investitionen tendenziell minimiert. Der Zusammenfall von Wohnung und Kanzlei ist ein deutlicher Indikator für die geringe Risikobereitschaft dieser Anwälte. Sozietätsgründer hingegen gehen deutlich höhere Risiken ein, haben also offenbar mehr Zutrauen in den späteren Berufserfolg.

Im Vergleich zu anderen freien Berufen sind die Investitionskosten bei der Gründung einer Rechtsanwaltskanzlei äußerst gering: Den Werten von 5.300 € bis 8.100 € bei Rechtsanwälten stehen etwa Vergleichszahlen bei Zahnärzten von 335.000 €,[81] von 157.400 € bei Ärzten[82] sowie 48.300 € bei Psychotherapeuten gegenüber.

---

[80] Für eine Eröffnungsfeier als erste Marketingmaßnahme zur Akquisition von Mandanten, geben Sozietätsgründer durchschnittlich 200 € mehr aus als Gründer von Bürogemeinschaften oder Einzelkanzleien.

[81] Institut der Deutschen Zahnärzte (2005), S.13.

[82] Zentralinstitut für die Kassenärztliche Versorgung (2004), S. 8. Die Investitionsvolumina bei Praxisübernahmen liegen 30%-40% höher.

Tab. 23: Art der Kanzleiräume nach Kanzleiform und Vergleich 1997 / 2004

	1997	2004	Gründer Einzelkanzlei	Gründer Sozietät	Gründer Bürogemeinschaft
angemieteter Büroraum	56%	53%	37%	80%	92%
Büroraum ist Bestandteil der eigenen Wohnung	26%	37%	53%	5%	4%
Büroraum ist Eigentum	18%	10%	11%	15%	4%

p<=0,05

4.4. Personalstruktur neu gegründeter Kanzleien

Während Einzelanwälte sich mit der Gründung einer Einzelkanzlei explizit gegen eine Zusammenarbeit mit einem oder mehreren Kollegen entscheiden, ist die Gründung von Sozietäten und Bürogemeinschaften ein bewusster Zusammenschluss mit Kollegen zur gemeinsamen Anwaltstätigkeit in einer Berufsausübungsgesellschaft („Außengesellschaft") oder jedenfalls in einer Organisationsgesellschaft („Innengesellschaft").

- Eine deutliche Mehrheit der Sozietätsgründer (81%) wählt eine Vergesellschaftung mit zwei anderen Gesellschaftern. 10% gründen zusammen mit einem Gesellschafter, weitere neun Prozent mit drei Gesellschaftern (Abb. 48).

- Bürogemeinschaften werden am häufigsten von zwei Rechtsanwälten gemeinsam gegründet (72%). Die Gründung größerer Bürogemeinschaften von drei (16%) oder vier Rechtsanwälten (12%) ist deutlich seltener.

Bei der Hälfte der Sozietätsgründungen ist mindestens einer der Sozien weiblich (Abb. 49). In 20% der Fälle sind zwei Gesellschafterinnen an der Sozietätsgründung beteiligt.

Abb. 48: Anzahl der Gesellschafter / Partner in neu gegründeten Sozietäten

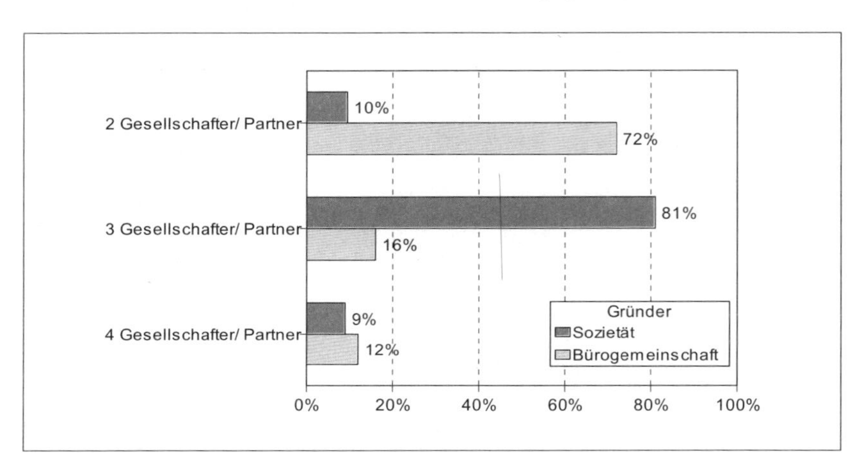

Abb. 49: Anzahl der Gesellschafterinnen / Partnerinnen in neu gegründeten Sozietäten / Bürogemeinschaften

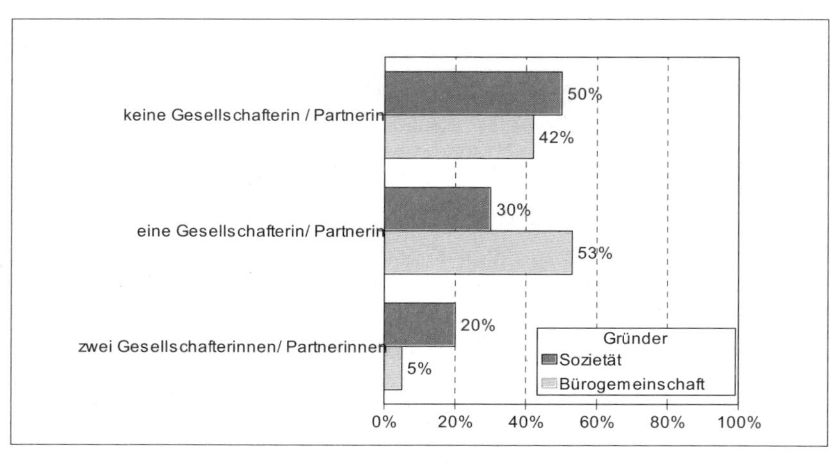

Die Betrachtung der personellen Zusammensetzung zeigt insgesamt, dass es sich bei den neu gegründeten Kanzleien durchgehend um kleine Rechtsanwaltskanzleien handelt, in denen zusätzlich zu den Gesellschaftern keine anwaltlichen Berufsträger angestellt sind. Dieses Ergebnis ist angesichts der kurzen Gründungsphase nicht überraschend.

4.5. Strategische Ausrichtung der Kanzlei

Die klare strategische Ausrichtung einer Kanzlei ist für deren Erfolg unverzichtbar.[83] Nur wenn eine Profilbildung der Kanzlei mit ihren Kompetenzen gegenüber aktuellen und potenziellen Mandanten und gegenüber den Mitbewerbern gelingt, wird die Kanzlei in der Lage sein, Mandanten zu gewinnen, langfristig zu binden und schrittweise Reputation aufzubauen. Unter diesen Voraussetzungen ist zu prüfen, ob die Gründer mit einem strategischen Konzept starten.

Zu Anfang dieses Kapitels wurde bereits dargestellt, dass nur eine Minderheit der Gründer eine Gründungsberatung in Anspruch nimmt und einen Businessplan erstellt. Neben diesen Indikatoren für eine fehlende Profilbildung beim Start in den Anwaltsberuf sollten zur genaueren Aufklärung weitere Indikatoren herangezogen werden. So wurden die Anwälte gefragt, ob sie ihr Beratungsangebot auf bestimmte Zielgruppen ausrichten oder im Rahmen ihrer Tätigkeit eine fachliche Schwerpunktsetzung vornehmen. Zusätzlich sollten die Gründer sich selbst als „Generalisten" oder „Spezialisten" einordnen und außerdem angeben, ob sie eher forensisch oder beratend tätig sind.

4.5.1. Spezialist oder Generalist

Knapp weniger als zwei Drittel der Gründer bezeichnen sich als Generalisten. Dies entspricht der Verteilung von 1997 und zeigt, dass sich die strategische Grundausrichtung der Kanzleigründer in den letzten Jahren nicht verändert hat (Abb. 50). Ob allerdings eine solche generalistische Grundorientierung in einer Zeit zunehmender innerer Differenzierung und Spezialisierung des Rechtsdienstleistungsmarktes noch zeitgemäß und vor allem Erfolg versprechend ist, bleibt dahin gestellt.

---

[83] Vgl. hierzu Schulte, B. P. (2005), S. 397-543, Hommerich (2001b), S. 28-31 und Hommerich (2005), S. 231-261.

Abb. 50: Spezialist oder Generalist – 1997 / 2004

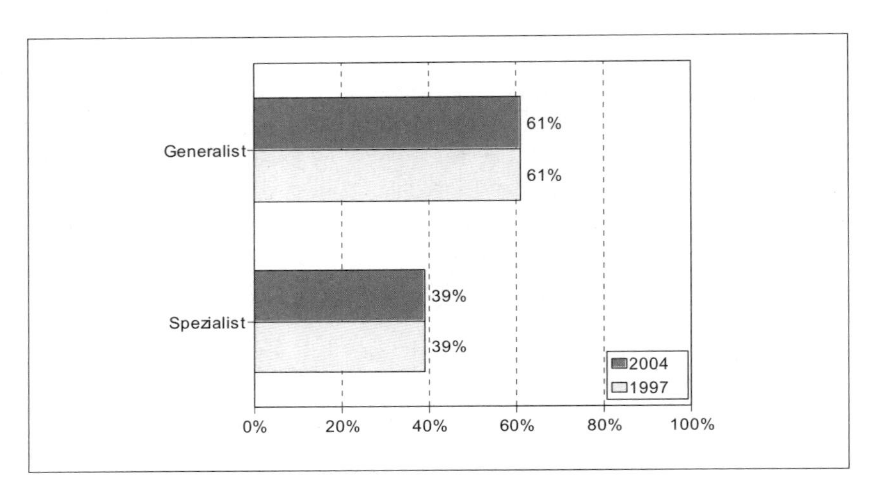

Die Unterteilung in Generalisten und Spezialisten nach Kanzleiformen zeigt klare Unterschiede. In neu gegründeten Bürogemeinschaften und Einzelkanzleien wird vorwiegend generalistisch gearbeitet (63% und 60%). Diese Tendenz ist bei Sozietätsgründern noch stärker ausgeprägt: Hier verstehen sich 70% als Generalisten.

Die insgesamt hohen Anteile an Generalisten deuten darauf hin, dass junge Gründer zunächst abwarten, in welchen Rechtsgebieten sich ihre Kanzleien am Markt durchsetzen. Darüber hinaus ist anzunehmen, dass viele Gründer nach Abschluss der juristischen Ausbildung hinsichtlich einer späteren Spezialisierung im Anwaltsberuf ihre eigne Interessenlage noch nicht klären konnten.

Demnach ordnet sich ein größerer Anteil der Gründer von Einzelkanzleien subjektiv als Spezialist ein, obwohl sich diese Gruppe vergleichsweise seltener auf Zielgruppen ausrichtet und ein schwächeres Profil von Tätigkeitsschwerpunkten aufweist als die faktisch stärker spezialisierten Sozietätsgründer.

Als Spezialgebiete wurden von den Gründern eine Vielzahl einzelner Fachgebiete genannt. Aus Gründen der Übersichtlichkeit werden hier nur die Fachgebiete aufgeführt, die mehr als 20 Befragte als ihr Spezialgebiet benannten (Abb. 51). Der größte Anteil der Gründer, die sich selbst als Spezialisten einstufen, gibt Arbeitsrecht als Spezialisierung an (24%). Auf Steuerrecht sind 17% der Spezialisten ausgerichtet. 13% sind auf Gesellschaftsrecht und weitere 13% auf Strafrecht spezialisiert.[84]

Abb. 51: Spezialgebiete der Gründer, die sich als Spezialisten einstufen

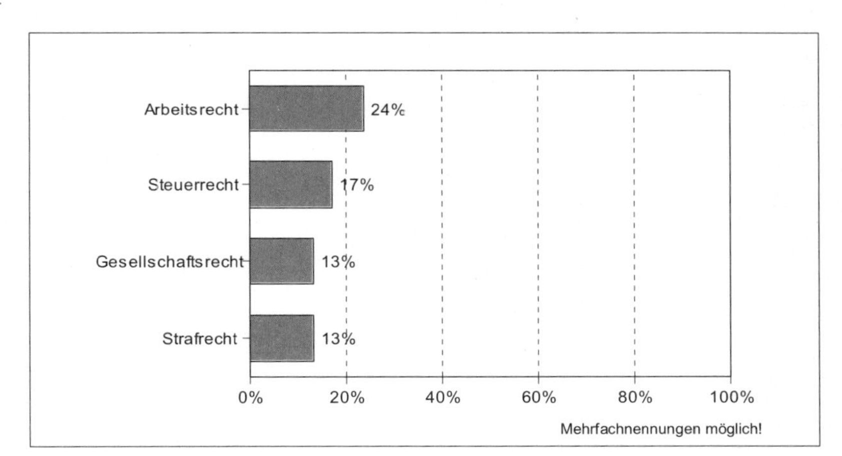

4.5.2. Forensische oder beratende Tätigkeit

Die Gründer wurden gefragt, ob sie in ihrer Kanzlei eher forensisch oder beratend tätig sind. Hierbei ergibt sich, dass die Gründer im Vergleich von 1997 zu 2004 zu einem weitaus höheren Prozentsatz (63%) beratend tätig sind als damals (48%) (Abb. 52). Parallel fiel der Anteil der eher forensisch Tätigen von 44% (1997) auf 34% (2004). Der Anteil der Gründer, die auf beiden Gebieten gleichgewichtig tätig sind, ist seit 1997 von acht auf drei Prozent zurückgegangen. Diese Veränderungen sind in allen drei Organisationsformen gleich stark ausgeprägt. Dies belegt, dass es sich hierbei um eine stärkere Ausrichtung innerhalb der gesamten jungen Anwaltschaft handelt.

[84] Eine weitere Aufgliederung der Kanzleiformen nach Spezialgebieten war durch die Vielfalt der genannten Spezialgebiete rechnerisch nicht möglich. Die Größe der Untergruppen wäre für aussagekräftige Interpretationen nicht groß genug.

Abb. 52: Forensische oder beratende Ausrichtung der Kanzlei 1997 / 2004

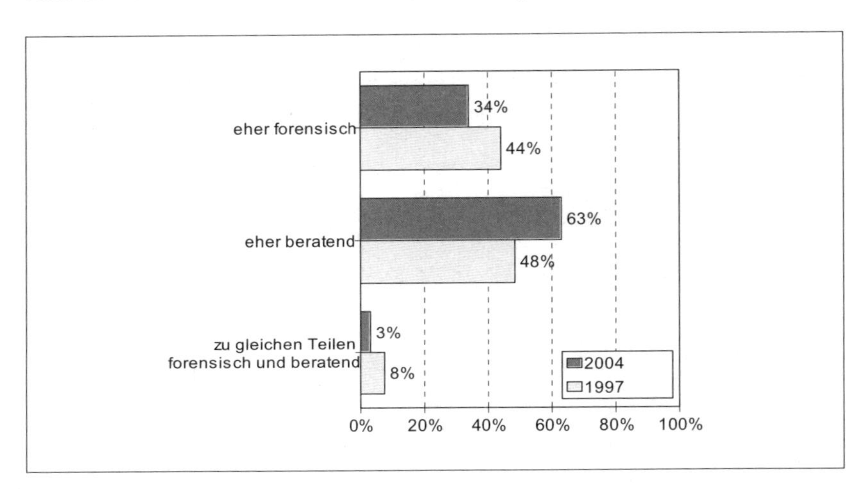

4.5.3. Fachliche Schwerpunktsetzung

Um die fachliche Ausrichtung der untersuchten Kanzleien einschätzen zu können, wurden die Befragten gebeten, 24 Rechtsgebiete im Hinblick auf deren Bedeutsamkeit für ihre aktuelle anwaltliche Tätigkeit zu bewerten. Die Ergebnisse zeigen, dass die Schwerpunkte in neu gegründeten Kanzleien im Mietrecht, Verkehrsrecht und Familienrecht liegen, also wesentlich in der rechtlichen Beratung und Vertretung von Privatpersonen (Abb. 53). Ebenfalls eine wichtige Rolle spielen die Bereiche Arbeitsrecht und Zwangsvollstreckung, die sich sowohl auf Unternehmen als auch auf Privatpersonen beziehen. Allerdings kann davon ausgegangen werden, dass in neu gegründeten Kanzleien die Betätigung im Arbeitsrecht häufiger auf Arbeitnehmer- als auf Arbeitgeberseite erfolgt. Als eher unbedeutend erweisen sich Spezialgebiete wie Umweltrecht oder Ausländer- und Asylrecht. Auch Internationales Recht und EU-Recht spielen im Berufsalltag der neu gegründeten Kanzleien eine untergeordnete Rolle.

Abb. 53: Bedeutung fachlicher Schwerpunkte – Mittelwerte

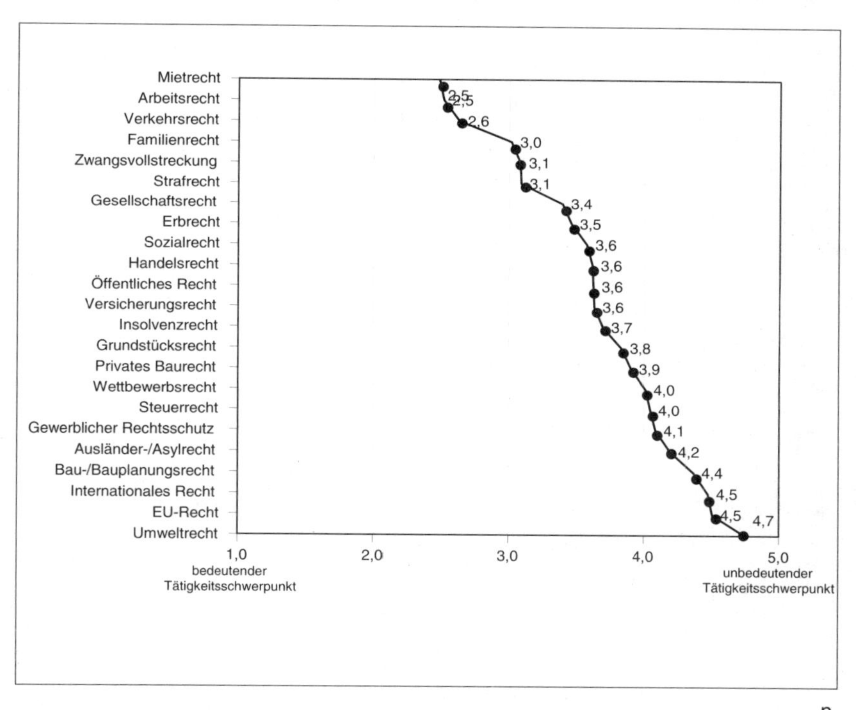

Auch wurde überprüft, inwiefern die jungen Kanzleigründer die Mediation, die kein Rechtsgebiet im eigentlichen Sinne, sondern eine rechtsgebietsneutrale Form der Konfliktbeilegung ist, in ihren Berufsalltag integrieren. Dieser relativ neue Bereich wird von den Gründern eher als unbedeutender Tätigkeitsbereich betrachtet.

4.5.4. Ausrichtung auf eine Zielgruppe

Etwas mehr als die Hälfte der Gründer plant eine mittelfristige Ausrichtung auf Zielgruppen. Dies entspricht in etwa den Ergebnissen des Jahres 1997 (Abb. 54).

Abb. 54: Mittelfristige Ausrichtung auf bestimmte Zielgruppen 1997 / 2004

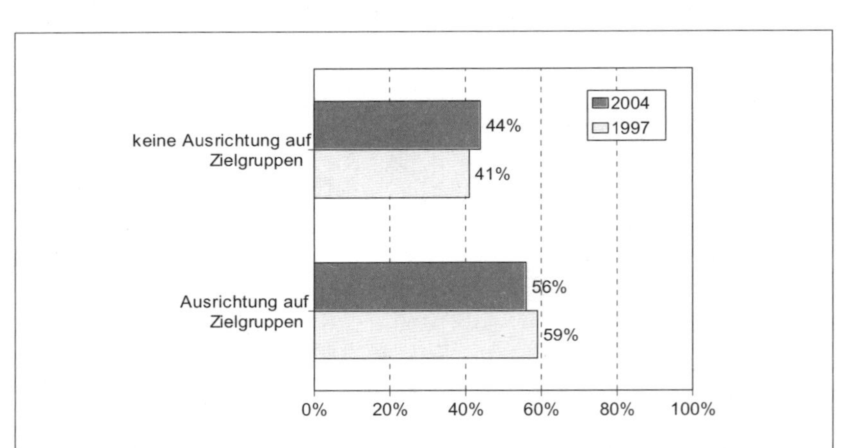

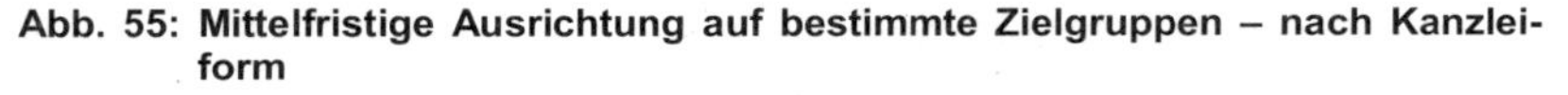

Abb. 55: Mittelfristige Ausrichtung auf bestimmte Zielgruppen – nach Kanzleiform

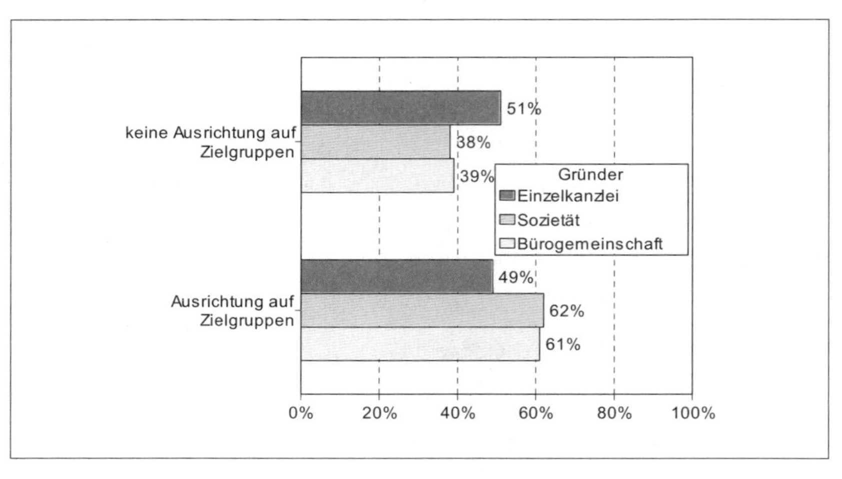

2004 findet sich mit 62% der größte Anteil derjenigen, die sich mittelfristig auf bestimmte Zielgruppen konzentrieren wollen, bei den Gründern von Sozietäten, knapp gefolgt von den Gründern von Bürogemeinschaften (61%) (Abb. 55). Eine knappe Mehrheit der Einzelanwälte will sich mittelfristig nicht auf bestimmte Zielgruppen festlegen. Diese Tendenz ist 2004 leicht stärker ausgeprägt als 1997 (51% gegenüber 46%).[85]

81% der Gründer, die sich mittelfristig auf bestimmte Zielgruppen ausrichten wollen, planen, ihre Rechtsdienstleistungen vor allem kleinen und mittelständischen Unternehmen anzubieten (Abb. 56).[86] Hingegen wollen sich 20% mittel- und langfristig auf die rechtliche Beratung und Vertretung von Privatpersonen konzentrieren. 11% sehen in Mandanten mit familienbezogenen Problemen ihre Zielgruppe. Eine Zukunft als Strafverteidiger streben 10% an.

Abb. 56: Ausrichtung auf konkrete Zielgruppen von Gründern, die eine Ausrichtung vornehmen

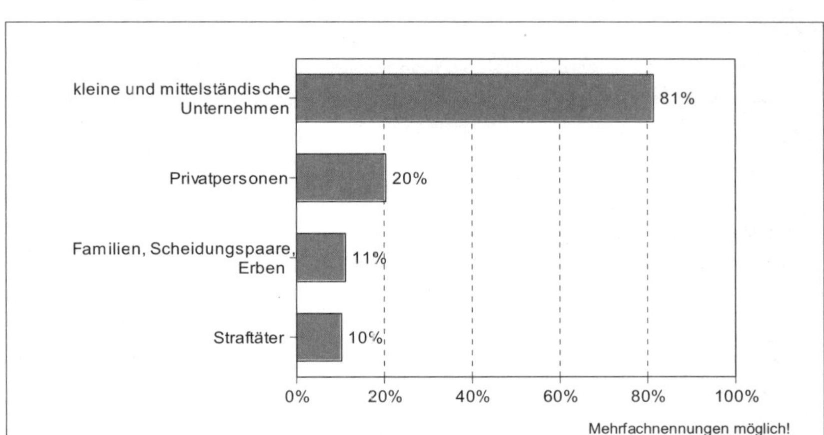

Insgesamt unterstreichen die Ergebnisse, dass sich Gründer von Sozietäten bereits früh auf Zielgruppen ausrichten und fachliche Schwerpunkte setzen. Gründer von Einzelkanzleien gehen demgegenüber weniger strategisch vor. In diesem Zusammenhang

[85] Hommerich (2001a), S. 99.

[86] Hier wurden nur Zielgruppen aufgeführt, die mindestens von zehn Befragten genannt wurden.

muss gesehen werden, dass ein Verzicht auf Strategie im Sinne von Versuchen, „dem Markt" zu folgen, in einem gesättigten Marktumfeld äußerst riskant ist.

4.6. Entwicklung der Mandatszahlen

Die Betrachtung der Entwicklung der Mandatszahlen kann im Rahmen der ersten beiden Jahre nach der Gründung naturgemäß noch nicht sehr ergiebig sein. Allerdings können zumindest einzelne Entwicklungstendenzen beschrieben werden. Im Folgenden werden die durchschnittlichen, monatlichen Mandatszahlen der Kanzleien, die schon ein Jahr und länger bestehen und die der Kanzleien, deren Gründung weniger als zwölf Monate vor der Befragung erfolgte, verglichen.

- Gründer von Einzelkanzleien, deren Kanzlei noch kein Jahr besteht, übernehmen durchschnittlich sieben Mandate im Monat. Demgegenüber sinkt die durchschnittliche Anzahl der Mandate auf fünf Mandate pro Monat, wenn die Kanzlei schon ein Jahr und länger besteht.

- Die höchste Anzahl akquirierter Mandate weisen im Vergleich die neu gegründeten Sozietäten auf. Sozietäten erhöhen ihre durchschnittliche Mandatszahl nach dem Gründungsjahr von 13 auf 15 Mandate pro Monat.

- Rechtsanwälte in Bürogemeinschaften können nach ihrem Gründungsjahr die durchschnittliche Anzahl der ihnen zuzurechnenden Mandate von fünf auf neun pro Monat erhöhen. Damit akquirieren sie zwar im Gründungsjahr im Schnitt weniger Mandate als die Gründer von Einzelkanzleien, sind aber in der Lage, die Anzahl der Mandate ein Jahr nach der Niederlassung zu steigern.

Differenziert nach Mandatsstruktur ergeben sich ebenfalls deutliche Unterschiede. Insgesamt liegt die durchschnittliche Mandatszahl pro Monat in Kanzleien, die überwiegend private Mandate bearbeiten, höher als in solchen, die sich auf gewerbliche Mandate konzentrieren. Während die Kanzleien, die überwiegend private Mandate bearbeiten, im monatlichen Durchschnitt sieben Mandate übernehmen, sind es in Kanzleien mit einem Hauptanteil von gewerblichen Mandaten drei (2003) bzw. sechs (2004) Mandate. Die Akquisition privater Mandate gelingt offenbar leichter, ist aber wenig steigerungsfähig, wohingegen die Gewinnung von Unternehmensmandanten erwartungsgemäß mehr Zeit benötigt.

4.7. Wirtschaftliche Situation der Kanzleigründer

4.7.1. Durchschnittliche Umsätze der Kanzleigründer

Aus Gründen der Vergleichbarkeit werden im Folgenden die durchschnittlichen monatlichen Honorarumsätze und Kosten derjenigen Kanzleigründer analysiert, die zum Zeitpunkt der Befragung mindestens zwölf volle Monate tätig waren.

Die höchsten durchschnittlichen monatlichen Pro-Kopf-Honorarumsätze[87] erzielen die Gründer von Sozietäten mit 1.548 € (Tab. 24). Die Gründer von Einzelkanzleien setzen monatlich im Vergleich dazu leicht weniger um. Die Gründer von Bürogemeinschaften erzielen demgegenüber durchschnittlich ca. 400 € weniger Umsatz pro Monat.

Tab. 24: Durchschnittliche monatliche Honorarumsätze nach Kanzleiform

	Durchschnittliche monatliche Pro-Kopf-Honorarumsätze
Gründer Einzelkanzlei	1.531 €
Gründer Sozietät	1.548 €
Gründer Bürogemeinschaft	1.105 €

Tab. 25: Durchschnittliche monatliche Honorarumsätze nach erstelltem Businessplan

	Durchschnittliche monatliche Pro-Kopf-Honorarumsätze
Businessplan erstellt	1.792 €
keinen Businessplan erstellt	1.211 €

An den durchschnittlichen Umsatzzahlen der jungen Kanzleigründer wird erkennbar, dass eine strategische Gründungsplanung einen nicht unerheblichen Einfluss auf die

[87] Aus Gründen der Vergleichbarkeit wurden die Umsatzangaben auf monatliche Pro-Kopf-Umsätze umgerechnet.

wirtschaftliche Situation der Rechtsanwälte hat (Tab. 25). Rechtsanwälte, die strategisch bei ihrer Kanzleigründung vorgehen und einen Businessplan erstellen, haben im Schnitt deutlich höhere monatliche Honorarumsätze (1.792 €) als unstrategisch vorgehende Kanzleigründer (1.211 €). Der Verzicht auf eine systematische Gründungsplanung wirkt sich also negativ auf die wirtschaftliche Entwicklung der Kanzleigründungen aus.

Frühere Untersuchungen aus den USA[88] und aus der Bundesrepublik[89] haben bestätigt, dass der wirtschaftliche Erfolg von Kanzleien stark davon abhängt, ob die Umsätze vorwiegend aus privaten oder aus gewerblichen Mandaten erwirtschaftet werden. Unabhängig von der Kanzleiform lässt sich erkennen, dass Kanzleien, die überwiegend gewerbliche Mandate abwickeln, durchschnittlich erheblich höhere Jahresumsätze erwirtschaften, als Kanzleien, in denen private Mandate mit meist geringen Streitwerten überwiegen.

Die Umsatzanteile aus gewerblichen und privaten Mandaten haben sich seit 1997 nicht verändert (Abb. 57). Damals wie heute stammen durchschnittlich 65% des Umsatzes in neu gegründeten Kanzleien aus privaten und 35% aus gewerblichen Mandaten.

Allerdings zeigt sich bei der Verteilung der Mandate, dass lediglich ein Viertel der Befragten mehr als 50% seines Umsatzes aus gewerblichen Mandaten erwirtschaften kann (Abb. 58). Diese Verteilung variiert nicht nach Kanzleiform.

Im Ergebnis wird deutlich, dass zwar insgesamt die höchsten Umsätze mit gewerblichen Mandaten erzielt werden, jedoch nur wenige Kanzleigründer diese auch akquirieren können.

Als Zwischenergebnis kann festgehalten werden, dass die Akquisition gewerblicher Mandate den Kanzleigründern größere Schwierigkeiten bereitet. Hier ist es für neu gegründete Kanzleien, die sich Reputation erst erarbeiten müssen, schwer, das Vertrauen potenzieller Mandanten zu gewinnen.

---

[88] Heinz, Laumann (1982).

[89] Volks (1974), Hommerich (1988).

Abb. 57: Durchschnittlicher Umsatzanteil aus gewerblichen / privaten Mandaten 1997 / 2004

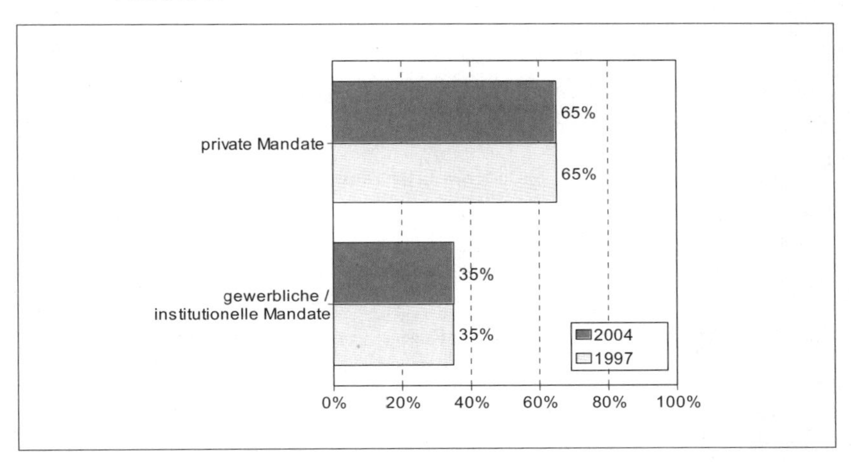

Abb. 58: Umsatzverteilung auf private / gewerbliche Mandate

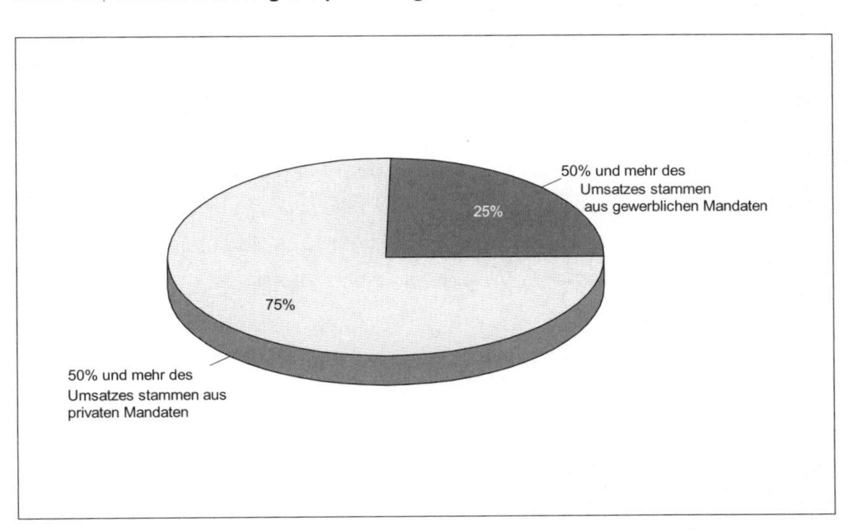

4.7.2. Kostenanalyse

Die durchschnittlichen monatlichen Kosten neu gegründeter Kanzleien unterscheiden sich deutlich nach Kanzleiform. Zur besseren Vergleichbarkeit wurden ausschließlich die Kosten derjenigen Kanzleien berechnet, die zur Zeit der Befragung bereits mindestens 12 Monate voll am Markt tätig waren.

Erwartungsgemäß haben die Gründer von Sozietäten, die sich die Kosten mit ihren Partnern teilen, mit 629 € die niedrigsten Kosten.[90] Die Gründer von Bürogemeinschaften haben mit 893 € leicht niedrigere Kosten als die Gründer von Einzelkanzleien (927 €).

Tab. 26: Durchschnittliche monatliche Kosten von Gründern nach Kanzleiform

	Gesamtkosten (pro Kopf)
Gründer Einzelkanzlei	927 €
Gründer Sozietät	629 €
Gründer Bürogemeinschaft	893 €

4.7.3. Soziale Sicherung der Kanzleigründer

Ebenso wie andere Selbständige müssen sich unternehmerisch tätige Anwälte eigenverantwortlich sozial absichern. Im Folgenden werden die Altersvorsorge und die Sicherung gegen Krankheitsrisiken betrachtet. Eine deutliche Mehrheit von 95% der Befragten sichert ihre Altersvorsorge über ein anwaltliches Versorgungswerk (Abb. 59). Bereits 1998 wurde eine „nahezu vollständige Flächendeckung der landesrechtlich begründeten Anwaltsversorgung erreicht".[91] Seit 1997, als 85% der Befragten angaben, Mitglied eines anwaltlichen Versorgungswerkes zu sein, ist der Anteil um 10% gestiegen.

---

[90] Kosten wurden pro Kopf der Gründer umgerechnet.

[91] Kilger (1998), S. 425.

Als zweithäufigste Variante der Altersvorsorge wird wie 1997 der Abschluss einer Lebensversicherung angegeben – 39% der Befragten haben eine solche abgeschlossen, was ebenfalls einen Anstieg von 10% seit 1997 bedeutet. Die durchschnittliche Lebensversicherungssumme hat sich seither leicht erhöht (95.000 € in 1997; 100.000 € in 2004). Der Anteil derjenigen, die altersbezogene Vermögensanlagen tätigen, hat um fast 20 % zugenommen.[92] Dies spricht für eine erhöhte Sensibilität gegenüber der Vorsorgefrage.[93]

Abb. 59: Altersvorsorge bei Gründern 1997 / 2004

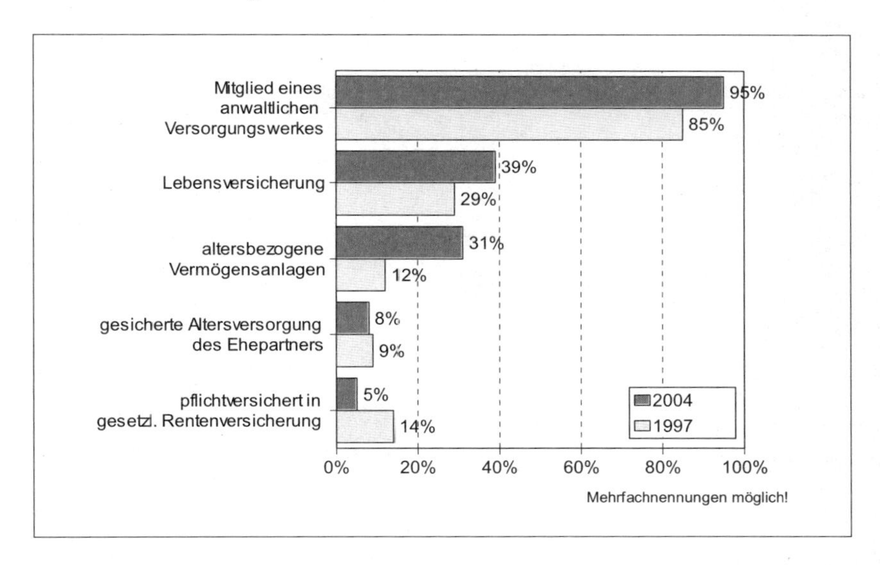

Ein Vergleich mit den Angaben zur sozialen Sicherung im Jahr 1997 zeigt dementsprechend, dass die Zahl der nicht sozial abgesicherten Gründer zurückgegangen ist. Wäh-

[92] Hier werden nur Formen der Altersvorsorge aufgeführt, die von mindestens zehn Befragten genannt wurden.

[93] Bei den 5% in der gesetzlichen Rentenversicherung pflichtversicherten Anwälten handelt es sich teilweise um Syndikusanwälte, teilweise um solche Kanzleigründer die im Rahmen einer Nebentätigkeit gesetzlich pflichtversichert sind.

rend 1997 fast jeder Zehnte (neun Prozent) ohne soziale Absicherung in die Selbständigkeit gegangen war, sind es 2004 knapp drei Prozent.

Die Mehrheit der Gründer (60%) entscheidet sich für die Absicherung gegen Krankheitsrisiken mit einer privaten Krankenversicherung (Abb. 60).[94] Andere Formen der Absicherung gegen Krankheitsrisiken spielen dagegen eine untergeordnete Rolle. Das Verhältnis von gesetzlich zu privat versicherten Gründern hat sich seit 1997 kaum verändert.

Abb. 60: Absicherung gegen Krankheitsrisiken 1997 / 2004

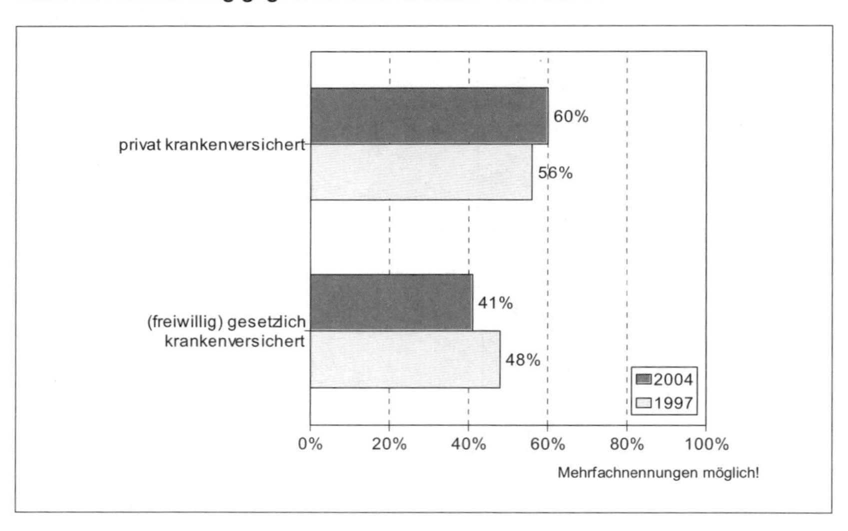

Gründer von Einzelkanzleien und Bürogemeinschaften sind im Vergleich zu Sozietätsgründern zu einem deutlich höheren Anteil gesetzlich versichert (Abb. 61). Der Anteil privat Versicherter liegt bei Gründern von Sozietäten bei 81%, während lediglich die

[94] Die beiden Anteile addieren sich nicht zu 100%, da auch andere Formen der Versicherung angegeben wurden und Mehrfachnennungen möglich waren. Es werden nur zwei Formen der Absicherung gegen Krankheitsrisiken aufgeführt, da alle anderen Nennungen von weniger als zehn Befragten gemacht wurden.

Hälfte der Gründer von Einzelkanzleien privat versichert ist. Von den im Rahmen einer Bürogemeinschaft selbständigen Rechtsanwälten sind 62% privat krankenversichert.

Abb. 61: Absicherung gegen Krankheitsrisiken nach Kanzleiform

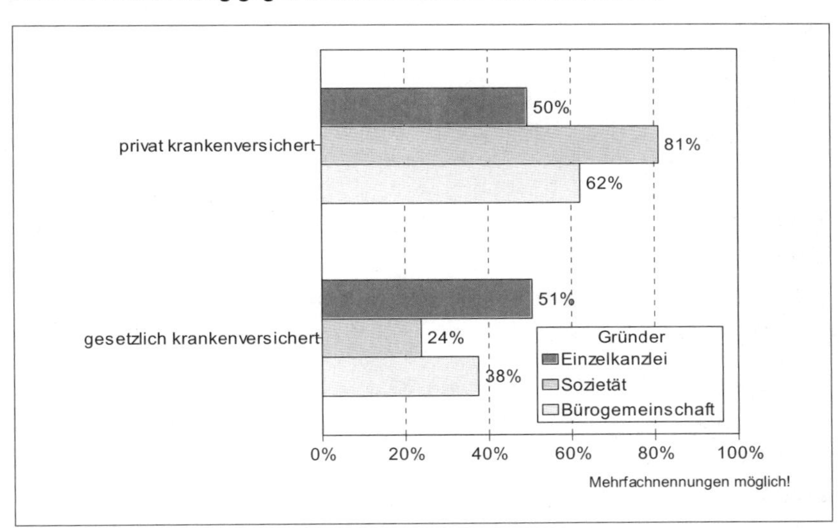

4.7.4. Einnahmequellen neben der Anwaltstätigkeit

In aller Regel ist die Gründungsphase von Anwaltskanzleien mit einer wirtschaftlichen Durststrecke verbunden. Vor diesem Hintergrund wurden die Gründer gefragt, ob sie aus den Überschüssen ihrer Kanzlei ihren Lebensunterhalt bestreiten können.

18% der Befragten bejahen die Frage und 31% der Gründer geben an, ihren Lebensunterhalt mit Einschränkungen bestreiten zu können. Knapp mehr als die Hälfte der Gründer ist auf weitere Einnahmequellen angewiesen.

Differenziert nach Kanzleiform ergeben sich auch hier erhebliche Unterschiede (Tab. 27):

- Ein Drittel der Sozietätsgründer kann aus der anwaltlichen Tätigkeit den Lebensunterhalt bestreiten. Über die Hälfte dieser Gründer ist auf weitere Einnahmen angewiesen.

- Nicht weniger als zwei Drittel der Gründer von Bürogemeinschaften sind auf Nebeneinkünfte angewiesen. Dies kann als Hinweis darauf gesehen werden, dass Kanzleien dieses Typs am Markt besonders schwer durchzusetzen sind, was auch mit einer besonderen Vorsicht und Risikoscheu dieses Gründertypus zusammenhängen dürfte.

- Die Gründer von Einzelkanzleien sind im Vergleich zu den Anwälten in Bürogemeinschaft deutlich seltener auf weitere Einnahmequellen angewiesen. Dies dürfte insbesondere auf die geringen Kosten in den hier stark anzutreffenden „Wohnzimmerkanzleien" zurückzuführen sein.

Insgesamt bestätigen die Ergebnisse, dass die erste Phase nach Gründung einer Anwaltskanzlei als Investitionsphase betrachtet werden muss, in der insgesamt circa 80% der Gründer aus der anwaltlichen Tätigkeit ihren Lebensunterhalt noch nicht bestreiten können.

Tab. 27: Bestreiten des Lebensunterhalts nach Kanzleiform

	insgesamt	Gründer Einzelkanzlei	Gründer Sozietät	Gründer Bürogemeinschaft
kann meinen Lebensunterhalt bestreiten	18%	15%	33%	16%
kann ihn mit Einschränkungen bestreiten	31%	38%	14%	20%
bin auf weitere Einnahmequellen angewiesen	51%	47%	53%	64%

4.7.5. Einschätzung der bisherigen und künftigen wirtschaftlichen Entwicklung

Gerade angesichts dieser objektiven wirtschaftlichen Durchsetzungsschwierigkeiten war es wichtig zu erfahren, wie die Gründer selbst ihre bisherige und die zukünftig erwartete wirtschaftliche Entwicklung ihrer Kanzlei bewerten.

Abb. 62: Bisherige wirtschaftliche Entwicklung der Kanzlei

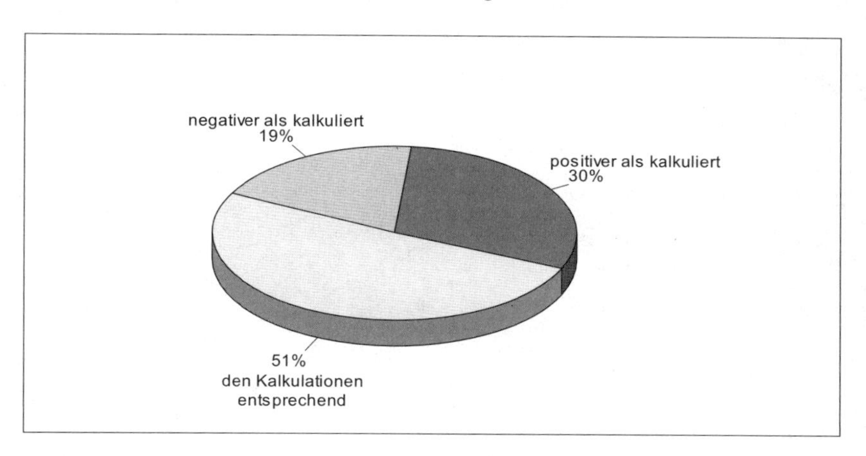

Die bisherige wirtschaftliche Entwicklung der eigenen Kanzlei verlief bei rund der Hälfte der Gründer den eigenen Erwartungen entsprechend (Abb. 62). 30% geben an, die wirtschaftliche Entwicklung sei positiver verlaufen als ursprünglich angenommen. Knapp ein Fünftel der Gründer konstatiert, die wirtschaftliche Entwicklung der Kanzlei sei unter den ursprünglichen Erwartungen geblieben.

Die Gründer von Sozietäten sehen die wirtschaftliche Entwicklung ihrer Kanzleien zu 43% positiv (Abb. 63). Ein Drittel von ihnen hat die wirtschaftliche Entwicklung so erwartet. Für rund ein Viertel der Sozietätsgründer haben sich die Erwartungen nicht erfüllt. In den weiterführenden Untersuchungen der Panelbefragung wird der Frage nachzugehen sein, inwieweit es sich bei diesen Tendenzeinschätzungen um stabile Aussagen handelt.

Für etwas mehr als die Hälfte der Gründer von Einzelkanzleien (54%) verlief die wirtschaftliche Entwicklung erwartungsgemäß. 27% der Einzelkanzleigründer und 39% der Bürogemeinschaftsgründer sind durch die wirtschaftliche Entwicklung positiv überrascht. Unzufrieden sind 19% bzw. 16%.

Abb. 63: Bisherige wirtschaftliche Entwicklung der Kanzlei – nach Kanzleiform

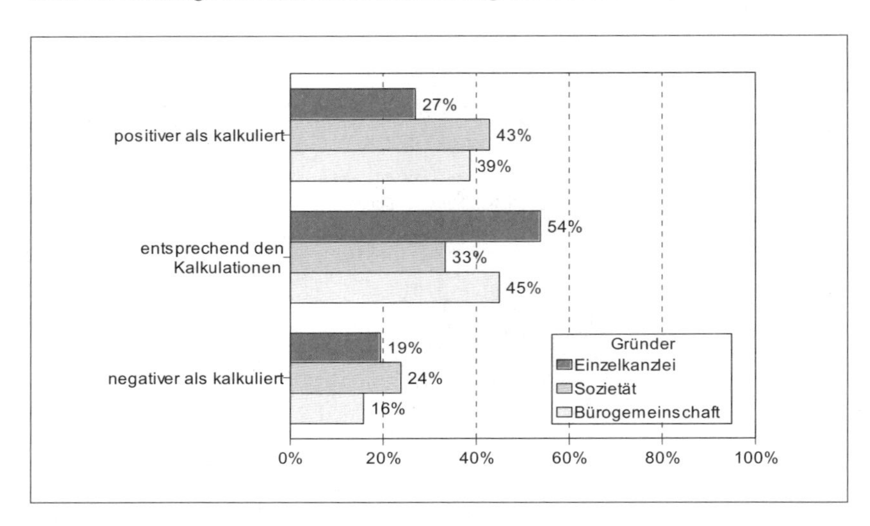

Für die Zukunft geht die große Mehrheit aller Gründer (57%) davon aus, dass sich ihre Kanzleien wirtschaftlich den Kalkulationen entsprechend entwickeln werden (Abb. 64). Immerhin 18% befürchten für die Zukunft eine Entwicklung ihrer Kanzlei, die hinter den ursprünglichen Erwartungen zurückbleibt. 25% erwarten eine positivere wirtschaftliche Entwicklung als kalkuliert.

Besonders optimistisch sind die Gründer von Sozietäten. Von ihnen erwarten nur 10% eine wirtschaftliche Entwicklung ihrer Kanzlei unterhalb ihrer Kalkulationen (Abb. 65). Die Vergleichswerte für Einzelanwälte und Anwälte in Bürogemeinschaft liegen mit 20% bzw. 15% deutlich darüber. Der größte Anteil der Befragten in allen drei Gruppen geht aber von einer zukünftigen wirtschaftlichen Entwicklung entsprechend den eigenen Kalkulationen aus.

Abb. 64: Wirtschaftliche Aussichten der Kanzlei in näherer Zukunft – Gründer

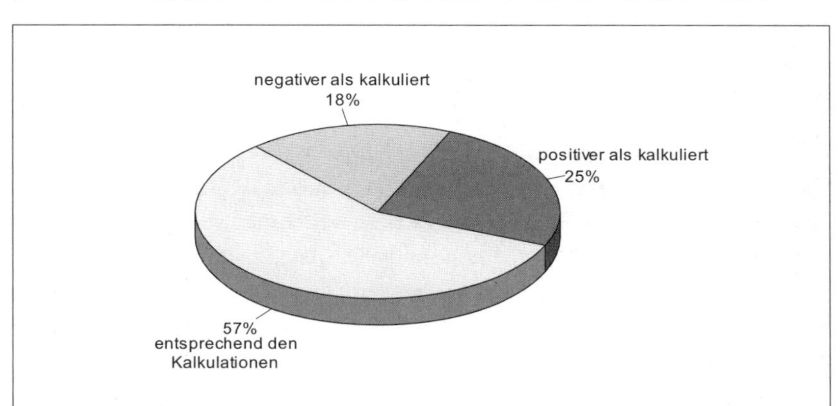

Abb. 65: Wirtschaftliche Aussichten der Kanzlei in näherer Zukunft – nach Kanzleiform

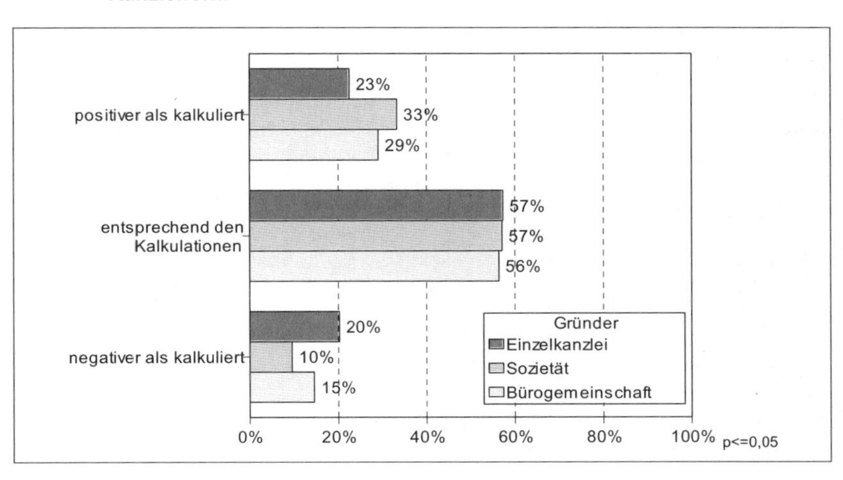

Eine klare Benennung von Determinanten des wirtschaftlichen Erfolgs von neu gegründeten Kanzleien stellt sich anhand der Ergebnisse der ersten Befragungswelle des „Soldan-Gründungsbarometers“ als schwierig dar. Da die befragten Gründer erst seit einem oder zwei Jahren in ihrer eigenen Kanzlei praktizieren, ist anhand der wirtschaftlichen Kennzahlen eine aussagekräftige Rekonstruktion der Kanzleientwicklung nur begrenzt möglich. Was jedoch identifiziert werden kann, ist der Einfluss verschiedener Variablen auf die subjektiv eingeschätzte Kanzleientwicklung. Kanzleigründer nehmen je nach ihrer persönlichen Qualifikation und Motivation sowie nach ihrer mehr oder weniger strategischen Gründungsplanung die wirtschaftliche Entwicklung ihrer Kanzlei unterschiedlich wahr.

Eine hohe persönliche Motivation, als selbständiger Anwalt arbeiten zu wollen, hat einen positiven Einfluss auf die Wahrnehmung der wirtschaftlichen Entwicklung der eigenen Kanzlei (Abb. 66). 78% der Gründer, deren Gründungsmotiv der Wunsch nach Selbständigkeit war, geben an, dass sich ihre Kanzlei wirtschaftlich positiver entwickelt hat als zuvor angenommen. Dagegen verlief für 67% derjenigen, die den Weg in die Selbständigkeit aufgrund fehlender Berufsalternativen wählten, die wirtschaftliche Entwicklung negativer als erwartet. Diese Ergebnisse unterstreichen deutlich den Einfluss der subjektiven Motivationslage auf die individuellen Einschätzungen der wirtschaftlichen Entwicklung neu gegründeter Kanzleien durch ihre Gründer. Vor allem dann, wenn der Anwaltsberuf nur „zweite Wahl“ war und wegen des Fehlens beruflicher Alternativen eingeschlagen wurde, wird die Kanzleientwicklung häufig als Enttäuschung erlebt.

Abb. 66: Einschätzung der bisherigen wirtschaftlichen Entwicklung der Kanzlei nach Motiven der Kanzleigründung

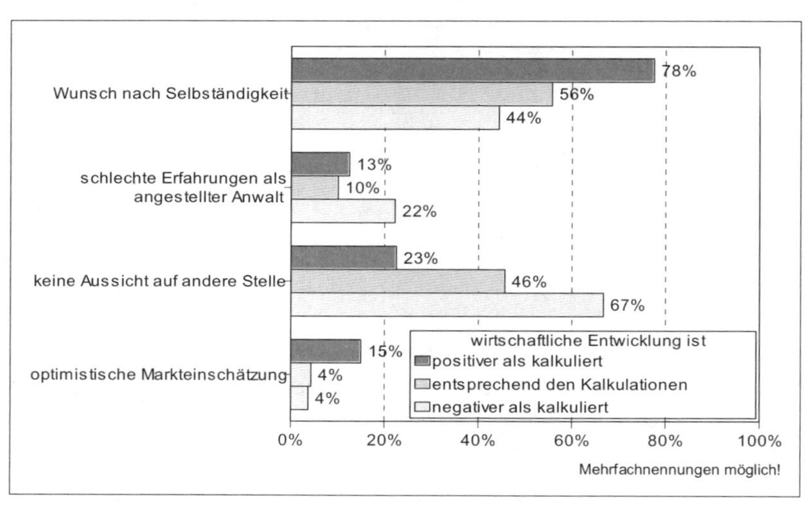

Die fachliche Qualifikation der Junganwälte – hier gemessen an den Noten im ersten und zweiten juristischen Staatsexamen – hat ebenfalls einen Einfluss auf ihre Erfolgswahrnehmung (Tab. 28). Für alle Gründer, die ihr erstes Staatsexamen mit Prädikat ablegten, verlief die wirtschaftliche Entwicklung ihrer Kanzlei positiver als erwartet oder zumindest entsprechend den Erwartungen. Dies trifft auch auf 84% der Gründer mit einem Prädikat im zweiten Staatsexamen zu. Nicht positiver als kalkuliert verlief die Entwicklung dagegen für 71% derjenigen, die ihr zweiten Staatsexamen mit „ausreichend" ablegten und für 69%, die mit „befriedigend" abschlossen.

Tab. 28: Einschätzung der bisherigen wirtschaftlichen Entwicklung der Kanzlei nach Note im ersten und zweiten juristischen Staatsexamen

	Note im ersten Staatsexamen			Note im zweiten Staatsexamen		
	Prädikat	Befriedigend	Ausreichend	Prädikat	Befriedigend	Ausreichend
positiver als kalkuliert	38%	30%	30%	42%	31%	29%
entsprechend den Kalkulationen	62%	43%	52%	42%	51%	50%
negativer als kalkuliert	0%	27%	18%	16%	18%	21%

$p<=0,05$

Ob die Befragten ihre Gründung strategisch oder eher planlos angehen, wird daran gemessen, ob sie eine Gründungsberatung in Anspruch nahmen und einen Businessplan erstellten. Die Gründungsberatung scheint in diesem Fall keinen Einfluss auf den wirtschaftlichen Erfolg zu haben, die Erstellung eines Businessplans hingegen schon.

Es zeigt sich, dass sich mehr als die Hälfte (58%) derjenigen, die keinen Businessplan erstellt hatten, mit einer wirtschaftlichen Entwicklung konfrontiert sieht, die negativer ist als erwartet (Abb. 67). Von den Gründern mit Businessplan wirtschaften 78% positiver als erwartet oder zumindest entsprechend den Erwartungen.

Abb. 67: Einschätzung der bisherigen wirtschaftlichen Entwicklung der Kanzlei nach erstelltem Businessplan

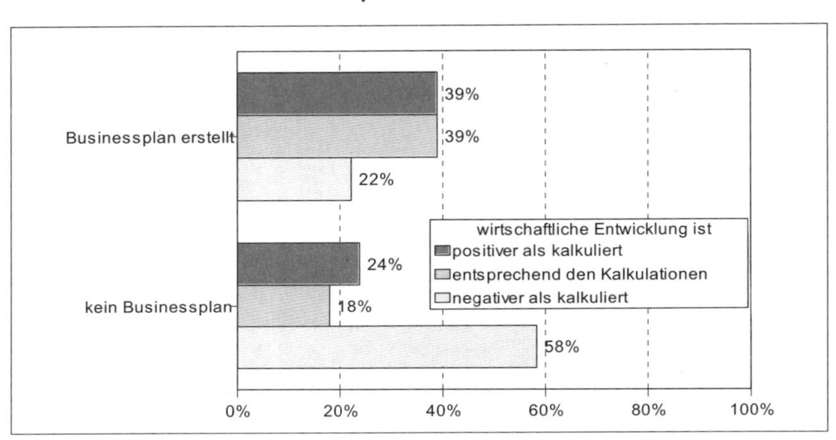

Die Ergebnisse verdeutlichen, dass die zur Selbständigkeit motivierten Gründer sowie die formal besser qualifizierten Rechtsanwälte die wirtschaftliche Entwicklung ihrer Kanzlei deutlich positiver wahrnehmen als Gründer, die weniger motiviert und qualifiziert sind. Auch wird deutlich, dass sich strategische Kanzleigründungen erheblich besser entwickeln als planlose Kanzleigründungen – soweit dies aus der Wahrnehmung der befragten Gründer zu rekonstruieren ist.

4.8. Durchschnittliche Arbeitszeit junger Gründer

Mit einer durchschnittlichen Wochenarbeitszeit von 39,7 Stunden liegen die Gründer im Durchschnitt der Bevölkerung der Bundesrepublik Deutschland[95] (Abb. 68). Sichtbar wird hier eine starke Spreizung der Arbeitszeit. Immerhin 12% der Gründer arbeiten – wohl eher unfreiwillig – lediglich bis zu 19 Wochenstunden. Ihnen stehen 36% der Gründer entgegen, die mehr als 50 Wochenstunden arbeiten.

---

[95] Vgl. Daten des Mikrozensus 2004 des Statistischen Bundesamtes.

Abb. 68: Durchschnittliche Wochenarbeitszeit – Gründer

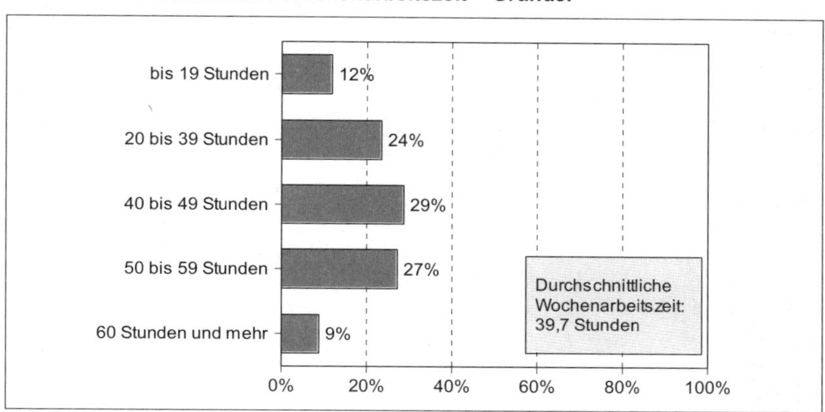

Abb. 69: Durchschnittliche Wochenarbeitszeit nach Kanzleiform

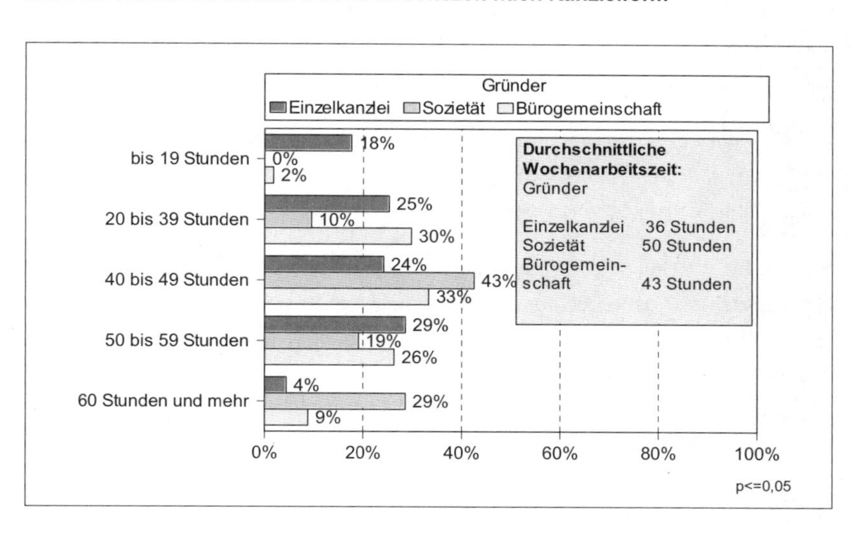

Die differenzierte Betrachtung der Arbeitszeit nach Kanzleiform lässt signifikante Unterschiede erkennen (Abb. 69). Während die Gründer von Einzelkanzleien auf eine durchschnittliche Wochenarbeitszeit von 36 Stunden kommen, liegt diese bei Sozietätsgründern mit 50 Stunden um durchschnittlich mehr als 10 Wochenarbeitsstunden höher. So geben 29% der Sozietätsgründer an, wöchentlich 60 Stunden und mehr zu arbeiten. Dies spricht dafür, dass Sozietäten deutlich stärker ausgelastet sind als Einzelkanzleien.

Gründer von Bürogemeinschaften liegen mit 43 Stunden Wochenarbeitszeit in der Mitte. Unter den Gründern von Einzelkanzleien finden sich 18%, die wöchentlich bis zu 19 Stunden arbeiten. Wahrscheinlich handelt es sich bei dieser Gruppe um Gründer, die ihre Kanzleigründung parallel zu einer anderen Tätigkeit vornehmen.[96]

4.9. Spezialisierung

In Zeiten gesteigerten Wettbewerbs suchen – wie bereits erwähnt – immer mehr Rechtsanwälte nach einer fachlichen Zusatzqualifikation. Deshalb wurden die Gründer gefragt, ob sie bereits Fachanwälte sind oder einen Fachanwaltstitel anstreben. Insgesamt fünf Prozent der Kanzleigründer haben einen Fachanwaltslehrgang absolviert. Dieser Anteil ist erwartungsgemäß bei jungen Anwälten deutlich geringer als der entsprechende Vergleichswert für die gesamte Anwaltschaft, der laut Fachanwaltsstatistik 2005 der Bundesrechtsanwaltskammer bei 15% lag.[97]

Interessant für die künftige Entwicklung ist der Umstand, dass nicht weniger als 55% der befragten Gründer die Absicht haben, innerhalb der nächsten drei Jahre eine Ausbildung zum Fachanwalt zu absolvieren.

Von denjenigen Gründern, die einen Fachanwaltstitel anstreben, wollen 30% innerhalb der nächsten drei Jahre Fachanwälte für Arbeitsrecht werden (Abb. 70). 20% wollen sich zu Fachanwälten für Strafrecht und 16% für Steuerrecht ausbilden lassen. Weitere 13% streben den Fachanwalt für Familienrecht und 12% den Fachanwalt für Versicherungsrecht an. Neun Prozent sehen eine Zukunft in der Spezialisierung als Fachanwalt für Verwaltungsrecht. Während die Werte für die Fachgebiete Arbeits- und Steuerrecht

---

[96] 18% der Gründer sind nach einer Definition der OECD als Teilzeitbeschäftigte einzustufen (Beschäftigung < 30 Wochenstunden, OECD 2001). Rechtsanwältinnen sind in dieser Gruppe leicht häufiger zu finden als Rechtsanwälte (56% gegenüber 44%). Entscheidend aber ist der Familienstand. 69% der Teilzeit arbeitenden selbständigen Gründer sind verheiratet.

[97] Vgl. BRAK-Fachanwaltsstatistik (Stand 1.1.2005).

relativ genau den Anteil dieser Fachanwaltschaften in der gesamten Anwaltschaft widerspiegeln (30% bzw. 19%), ist im Vergleich zu dieser Bezugsgröße das Interesse am Erwerb der Fachanwaltstitel für Strafrecht und Verwaltungsrecht deutlich über- und für Familienrecht deutlich unterdurchschnittlich.[98]

Insgesamt wird an diesen Ergebnissen deutlich, dass sich gerade auch unter den Gründern von Anwaltskanzleien der Spezialisierungsgedanke stark durchgesetzt hat. Es ist unter diesen Vorzeichen zu erwarten, dass der Trend zur Spezialisierung in den kommenden Jahren stark durch junge Anwälte getrieben wird.

Abb. 70: Angestrebte Fachanwaltschaft

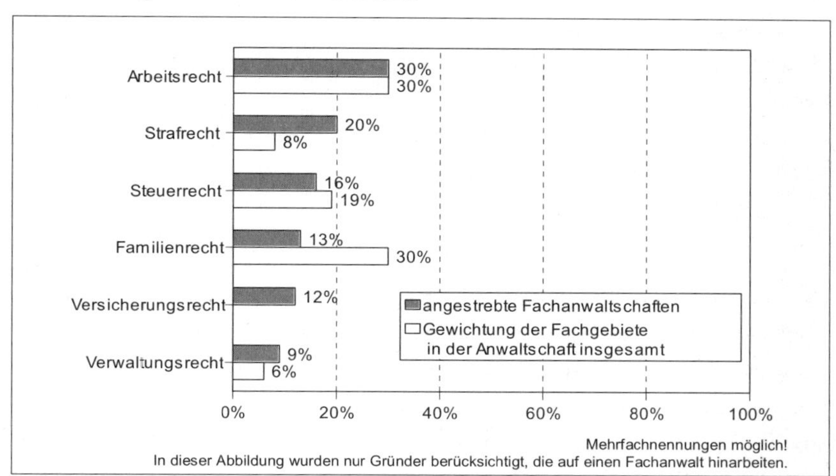

4.10. Durchsetzungsprobleme der Gründer am Markt

Startprobleme der Gründer von Anwaltskanzleien können mit individuellen Defiziten und / oder mit marktbezogenen Durchsetzungsproblemen zu tun haben. Zu den marktbezogenen Aspekten gehören auf der Angebotsseite ein starker Konkurrenzdruck und

---

[98] Für die junge Fachanwaltschaft für Versicherungsrecht sind keine vergleichenden Aussagen möglich.

auf der Nachfrageseite ein Mangel an Mandanten. Außerdem kann der Standort einer Kanzlei Auswirkungen auf die Nachfrage haben.

Individuelle Faktoren der Durchsetzung am Markt können in der Beherrschung berufspraktischer Kenntnisse, Fähigkeiten und Fertigkeiten liegen, die oft in der juristischen Ausbildung nicht explizit vermittelt werden (praxisbezogene juristische Kenntnisse, Auftritt vor Gericht und gegenüber Mandanten, Organisationskenntnisse). Außerdem können sich zu wenig Startkapital oder ein „schlechter Standort" als Erfolgsbremsen erweisen.

Auf der Seite der „objektiven" Faktoren zeigt sich, dass der Standort aus Sicht der Gründer überwiegend keinen negativen Einfluss auf den Kanzleierfolg hat (Abb. 71). Dieses Ergebnis verdeutlicht, dass die Standortwahl angesichts der Marktsättigung als Erfolgsfaktor für die Durchsetzung von Kanzleien verloren hat. Vielmehr ist inzwischen davon auszugehen, dass nahezu alle denkbaren Standorte mit Anwälten besetzt sind, so dass strategische Schwerpunktsetzungen als Unterscheidungs- und Identifikationskriterien einer Kanzlei wichtiger werden als die Standortfrage.

Probleme im Umgang mit Mandanten oder auch Probleme, vor Gericht aufzutreten, nehmen die Gründer in ihrer Selbsteinschätzung von Durchsetzungsbedingungen am Markt eher nicht wahr. Darüber hinaus wird deutlich, dass gegenüber 1997 der Anteil derer abgenommen hat, die fehlende Organisationskenntnisse im Hinblick auf den Betrieb ihrer Kanzlei beklagen. Ein – für Berufsanfänger durchaus typischer – Mangel an berufspraktischen (juristischen) Kenntnissen ist aus der Sicht der Gründer ebenfalls eher weniger relevant als die marktbezogenen Restriktionen der Kanzleientwicklung.

Abb. 71: Problembereiche der Gründer bei der Berufsausübung 1997 / 2004

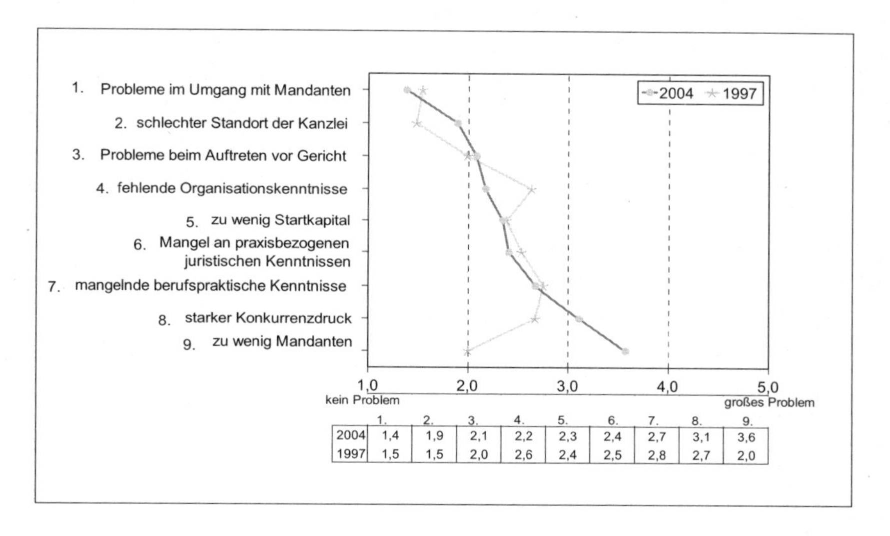

	1.	2.	3.	4.	5.	6.	7.	8.	9.
2004	1,4	1,9	2,1	2,2	2,3	2,4	2,7	3,1	3,6
1997	1,5	1,5	2,0	2,6	2,4	2,5	2,8	2,7	2,0

Abb. 72: Probleme bei der Berufsausübung – nach Kanzleiform

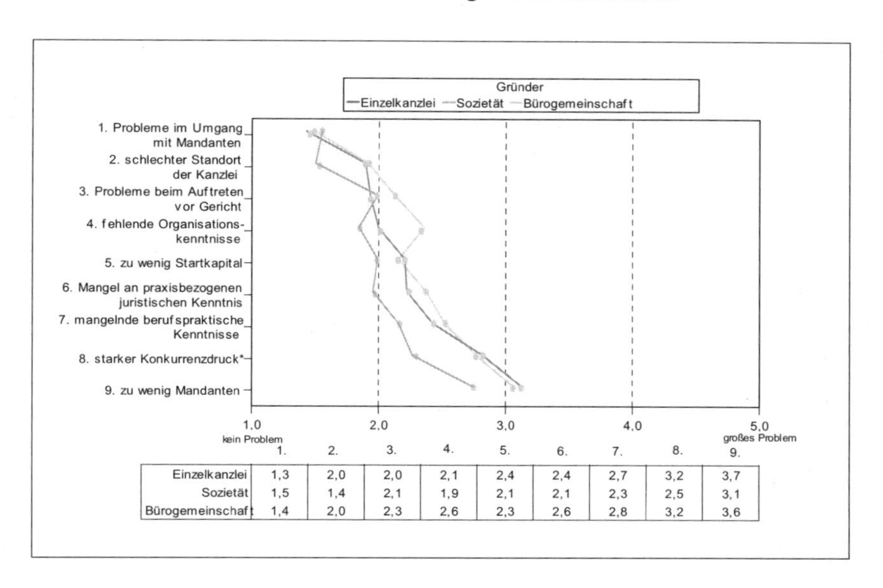

	1.	2.	3.	4.	5.	6.	7.	8.	9.
Einzelkanzlei	1,3	2,0	2,0	2,1	2,4	2,4	2,7	3,2	3,7
Sozietät	1,5	1,4	2,1	1,9	2,1	2,1	2,3	2,5	3,1
Bürogemeinschaft	1,4	2,0	2,3	2,6	2,3	2,6	2,8	3,2	3,6

Beim Vergleich der Aussagen nach Kanzleiform ergeben sich erhebliche Unterschiede (Abb. 72): Die Gründer von Sozietäten klagen nicht nur weit weniger als die Gründer von Einzelkanzleien über marktbezogene Hemmnisse in Form von hohem Konkurrenzdruck oder zu wenigen Mandanten; sie sehen auch wesentlich geringer ausgeprägte individuelle Hemmnisse für Ihren Markterfolg. Darüber hinaus wird deutlich, dass sie in erheblich geringerem Umfang über einen schlechteren Standort ihrer Kanzlei klagen.

Insgesamt verstärkt sich der Eindruck, dass die Gründer von Sozietäten eine planvollere Kanzleigründung als die Gründer von Einzelkanzleien betreiben, ein Umstand, der bereits bei der Betrachtung der strategischen Ausrichtung neu gegründeter Kanzleien, aber auch des Investitionsverhaltens der Sozietätsgründer deutlich wurde.

5. Die Syndikusanwälte

Neben einer Tätigkeit als Angestellter oder freier Mitarbeiter in einer Kanzlei und der Gründung einer eigenen Kanzlei ist die Tätigkeit in einem Unternehmen oder Verband bei gleichzeitiger Zulassung zur Anwaltschaft der dritte Weg, auf dem Berufseinsteiger in die Anwaltschaft gelangen. Dieser Anwaltstypus wird als Syndikusanwalt bezeichnet. Der Syndikusanwalt übt nach der Rspr. des Bundesgerichtshofs einen Doppelberuf aus: Innerhalb des Unternehmens oder Verbands ist er gewöhnlicher Arbeitnehmer; seine Arbeitsleistung erbringt er nicht als Rechtsanwalt. Den Anwaltsberuf übt er vielmehr nur außerhalb des Unternehmens oder Verbands, gleichsam in seiner „Privatkanzlei", aus.

Der Zugang zur Anwaltschaft über den Weg des Syndikusanwalts ist allerdings nur eingeschränkt planbar: Zum einen kann die Zulassung zur Rechtsanwaltschaft durch die Rechtsanwaltskammer versagt werden, wenn die im Unternehmen oder Verband ausgeübte nicht-anwaltliche Tätigkeit im Sinne des § 7 Nr. 8 BRAO inkompatibel mit der Tätigkeit eines Rechtsanwalts ist. Typische Inkompatibilitäten bestehen z.B. bei bestimmten Tätigkeiten in der Versicherungswirtschaft oder bei makelnden Tätigkeiten. Zudem verlangen die Rechtsanwaltskammern vom Arbeitgeber eines Syndikusanwalts eine uneingeschränkte Freistellungsbescheinigung, in der dem Arbeitnehmer garantiert wird, dass er jederzeit seinen anwaltlichen Pflichten Vorrang vor seinen Arbeitnehmerpflichten einräumen darf. Mit einer solchen Beschränkung des Direktionsrechts tun sich manche Arbeitgeber verständlicherweise schwer; ein Rechtsanspruch des Arbeitnehmers auf Erteilung der Freistellungsbescheinigung besteht nicht. Insoweit hängt die Möglichkeit, Syndikusanwalt zu werden, nicht allein von den Wünschen und dem Willen des Berufseinsteigers ab.

In Teil 2, Kapitel 2.1 wurde dargestellt, dass 13% der Befragten als Syndikusanwälte bei Unternehmen oder Verbänden in den Beruf starten. Diese Gruppe ist im Vergleich zur Studie von 1997 um sieben Prozent gewachsen.[99] Dies übersteigt den Anteil der Syndikusanwälte an der gesamten Anwaltschaft, der 1995 bei sechs Prozent lag.[100]

Aus früheren Studien geht hervor, dass junge Syndikusanwälte[101] besonders gut qualifizierte Juristen sind,[102] die bestbezahlte Minderheit unter den jungen Anwälten[103] bilden sowie durch einen unterdurchschnittlichen Frauenanteil und eine hohe zeitliche Arbeitsbelastung charakterisiert sind.[104] Diese Feststellungen müssen teilweise modifiziert werden:

Das Gründungsbarometer zeigt, dass die Syndikusanwälte im Vergleich zur restlichen jungen Anwaltschaft nicht durchgängig als die besser qualifizierten Rechtsanwälte anzusehen sind (Tab. 29). Eine nach Beschäftigungsform differenzierte Analyse verdeutlicht, dass in Sozietäten angestellte oder frei mitarbeitende Rechtsanwälte sowie Einsteiger in Sozietäten in ihrer juristischen Ausbildung bessere Examensabschlüsse aufweisen als die Syndikusanwälte. Auch die in Einzelkanzleien oder Bürogemeinschaften angestellten Anwälte und die Gründer von Sozietäten können eine bessere fachliche Qualifikation vorweisen.

Hingegen sind Gründer von Einzelkanzleien oder Bürogemeinschaften und freie Mitarbeiter, die in Einzelkanzleien oder Bürogemeinschaften tätig sind, vergleichsweise deutlich schlechter qualifiziert als die Syndikusanwälte. Besonders der Anteil der Prädikatsabschlüsse im zweiten Examen ist in der Gruppe der Syndici deutlich größer. Die Promotionsrate der Syndici (acht Prozent) wird zudem nur von den in Sozietäten angestellten Rechtsanwälten und den Gründern von Sozietäten überschritten.

---

[99] Vgl. Hommerich (2001a), S. 173.

[100] Vgl. Hommerich, Prütting (1998), S. 98.

[101] Zu Syndikusanwälten allgemein vgl. Kilian (2005), S. 849-856.

[102] Vgl. Hommerich (1988), S. 123ff., Hommerich (2001a), S. 172ff. und Hommerich, Prütting (1998), S. 109ff.

[103] Vgl. Hommerich (1988), S. 123ff. und ders. (2001a), S. 173ff.

[104] Vgl. Hommerich (2001a), S. 173.

Tab. 29: Fachliche Qualifikation der Syndici im Vergleich zur restlichen Anwaltschaft[105]

	Prädikat im 1. Staatsexamen	Prädikat im 2. Staatsexamen	Doppelprädikat	promoviert zum Dr. jur.
angestellte Rechtsanwälte in Sozietäten	42%	33%	25%	26%
Einsteiger Sozietät	22%	18%	11%	0%
angestellte Rechtsanwälte in EK und BG	18%	12%	8%	4%
freie Mitarbeiter in Sozietäten	17%	20%	13%	7%
Gründer Sozietät	14%	10%	10%	10%
Syndikusanwälte	12%	13%	5%	8%
freie Mitarbeiter in EK und BG	10%	5%	0%	0%
Einzelanwälte	10%	4%	3%	3%

p<=0,05

Der Frauenanteil unter den Syndici liegt bei 45% und ist damit inzwischen höher als der Vergleichswert für die gesamte junge Anwaltschaft (Tab. 30), der bei 40% liegt.

Tab. 30: Der Frauenanteil an den Syndikusanwälten

	Junge Anwaltschaft	Syndikusanwälte	davon*	
			in einem Unternehmen tätig	in einem Verband tätig
Frauen	40%	45%	50%	10%
Männer	60%	55%	50%	90%

*p<=0,05

In der Gruppe der Verbandssyndici sind Rechtsanwältinnen mit 10% deutlich unterdurchschnittlich vertreten.

[105] Die Prozentangaben lassen sich nicht auf 100% aufsummieren, da die Prozentuierung der Anteile der Prädikatsexamina und Promotionen jeweils für die einzelnen Anwaltgruppen getrennt vorgenommen wurde.

Die Arbeitsbelastung der jungen Syndikusanwälte ist durchschnittlich hoch (Tab. 31). 40% arbeiten im Schnitt mehr als 50 Wochenstunden. Die Belastung liegt deutlich unter der von Sozietätsgründern oder Mitarbeitern in Sozietäten.

Tab. 31: Durchschnittliche zeitliche Arbeitsbelastung im Vergleich

	50 Wochenstunden und mehr	unter 50 Wochenstunden
Einsteiger Sozietät	77%	23%
angestellte Rechtsanwälte in Sozietäten	63%	37%
freie Mitarbeiter in Sozietäten	51%	49%
Gründer Sozietät	48%	52%
Syndikusanwälte	40%	60%
angestellte Rechtsanwälte in EK und BG	37%	63%
Gründer Bürogemeinschaft	35%	65%
Einzelanwälte	33%	67%
freie Mitarbeiter in EK und BG	26%	74%

$p <= 0,05$

Tab. 32: Jahresbruttogehalt und gesamte jährliche Bruttoeinkünfte[106] im Vergleich zu angestellten und frei mitarbeitenden Anwälten

	gesamte jährliche Bruttoeinkünfte	Jahresbruttogehalt
Syndikusanwälte	55.200 €	50.100 €
angestellte Rechtsanwälte in EK und BG	30.000 €	28.800 €
angestellte Rechtsanwälte in Sozietäten	49.300 €	47.900 €
freie Mitarbeiter in EK und BG	28.100 €	28.100 €
freie Mitarbeiter in Sozietäten	33.700 €	31.300 €

[106] In der Analyse wurden nur die vollzeittätigen Rechtsanwälte berücksichtigt.

Das durchschnittliche jährliche Bruttoeinkommen der Syndici liegt bei 55.200 €[107] und ist damit überdurchschnittlich hoch.[108] Die Ergebnisse in Tab. 32 zeigen, dass die jungen Syndikusanwälte im Vergleich zu Anwälten im Angestelltenverhältnis und freier Mitarbeit finanziell deutlich besser gestellt sind.

Um den Anteil der Syndikusanwälte zu bestimmen, die mehr als 50.000 € jährlich beziehen, wurde das Bruttojahreseinkommen in Einkommensklassen unterteilt (Abb. 73). Mehr als 40% der jungen Syndici erzielen durchschnittlich ein Bruttojahreseinkommen von über 50.000 €. Damit bilden die Syndikusanwälte die bestbezahlte Teilgruppe in der befragten jungen Anwaltschaft.

Abb. 73: Jährliche Einkünfte der Syndikusanwälte nach Einkommensklassen

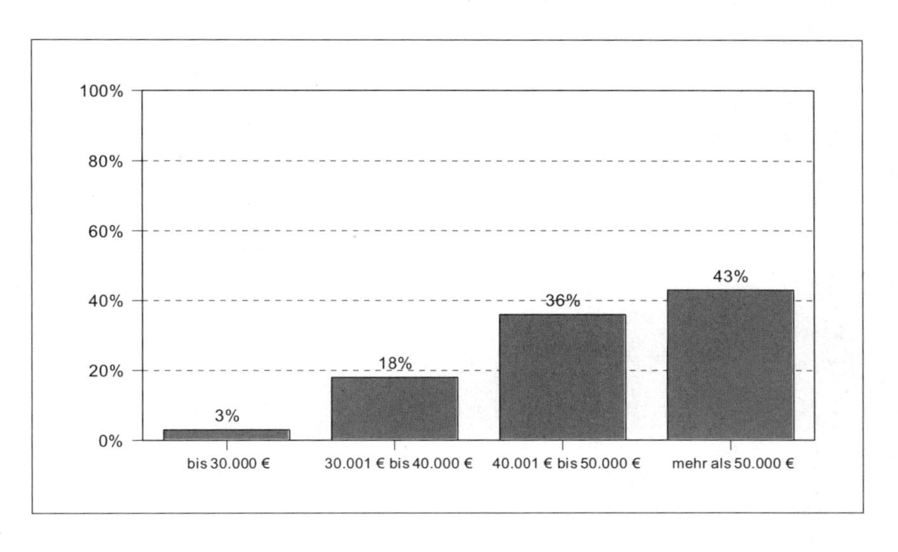

[107] Diese Summe enthält ein Basis-Jahresbruttogehalt bzw. -honorar und zusätzliche betriebliche Leistungen (Erfolgsbeteiligung / Provision, 13. / 14. Gehalt, Urlaubsgeld, Fahrkostenzuschüsse / Geschäftswagen, betriebliche Altersvorsorge, Vermögenswirksame Leistungen).

[108] Einkünfte aus freier Anwaltstätigkeit wurden wegen zu geringer Besetzungszahlen nicht untersucht.

Als zentrale Determinanten der Einkommenshöhe erweisen sich die fachliche Qualifikation sowie eine fachliche Spezialisierung,[109] die zeitliche Arbeitsintensität und das Geschlecht (Tab. 33). Wurde das zweite Staatsexamen mit Prädikat abgeschlossen, erzielen die jungen Syndici durchschnittlich ein höheres Einkommen als weniger gut qualifizierte. Syndikusanwälte, die sich eher als Spezialisten bezeichnen, erzielen durchschnittlich ein knapp 10.000 € höheres Einkommen als ihre Kollegen, die sich eher als Generalisten sehen.

Tab. 33: Durchschnittliche Jahresbruttoeinkünfte junger Syndikusanwälte nach individuellen Faktoren[110]

	Syndikusanwälte
2. Staatsexamen	
Prädikatsexamen	63.200 €
Befriedigend	55.800 €
Ausreichend	50.000 €
Spezialisierung	
Spezialist	60.900 €
Generalist	50.100 €
wöchentliche Arbeitszeit	
50 Stunden und länger	59.300 €
unter 50 Stunden	52.000 €
Geschlecht	
männlich	58.000 €
weiblich	51.300 €

Soweit junge Syndikusanwälte länger als 50 Stunden pro Woche tätig sind, schlägt sich dies auf die Einkünfte nieder. Syndici, die weniger als 50 Wochenstunden arbeiten, verdienen durchschnittlich 52.000 €. Bei höherer Arbeitsbelastung bewegen sich die Einkünfte im Schnitt um die 59.000 €.

---

[109] Die befragten Rechtsanwälte wurden gebeten, sich eher als Generalist oder eher als Spezialist einzuschätzen.

[110] Aus Gründen der Vergleichbarkeit wurden in dieser Tabelle nur die vollzeittätigen Anwältinnen und Anwälte berücksichtigt.

Auch hier sind Frauen finanziell deutlich schlechter gestellt als ihre männlichen Kollegen. So beziehen Syndikusanwältinnen jährlich durchschnittlich 6.700 € weniger Einkommen als Männer in diesem Beruf. Dieser Unterschied lässt sich nicht auf Teilzeittätigkeit zurückführen, da in diese Berechnungen nur vollzeittätige Syndici einbezogen wurden. Mit rund 88% des von männlichen Syndikuskollegen erzielten Einkommens fällt der geschlechtsspezifische Einkommensunterschied aber schwächer aus als bei den Vergleichsgruppen der angestellten Rechtsanwälte und freien Mitarbeiter (vgl. hierzu Kap. 3.3.3.).

Insgesamt ist festzustellen, dass der Anteil der Syndikusanwälte an der jungen Anwaltschaft steigt. Zugleich nivelliert sich der Qualitätsvorsprung dieser Teilgruppe, der – gemessen an der Examensnote – in früheren Untersuchungen noch feststellbar war. Nach wie vor sind die jungen Syndici eine hoch bezahlte Teilgruppe der jungen Anwaltschaft. Allerdings findet sich auch in dieser Gruppe eine deutliche Schlechterbezahlung von Frauen gegenüber Männern bei gleicher Arbeitsbelastung.

6. Berufszufriedenheit junger Anwälte

Zum Abschluss der Analyse wurden die jungen Anwälte anhand einer umfassenden Bewertungsskala nach unterschiedlichsten Aspekten ihrer Berufszufriedenheit befragt. Die Ergebnisse dieser differenzierten Beschreibung einzelner Aspekte der beruflichen Tätigkeit junger Anwälte wurden im Rahmen einer Faktorenanalyse auf fünf Kerndimensionen reduziert. Im Einzelnen ergeben sich folgende Bewertungskomplexe:

- Bewertung der beruflichen Belastung und Beanspruchung
- Bewertung des beruflichen Handlungsspielraums
- Bewertung des Einkommens / Einkommenszufriedenheit
- Bewertung des wahrgenommenen Konkurrenzdrucks
- Bewertung der Zufriedenheit mit den in der Ausbildung erworbenen Kenntnissen

Generell lässt sich die berufliche Zufriedenheit der gesamten jungen Anwaltschaft wie folgt charakterisieren:

43% der jungen Anwälte sehen sich einer hohen beruflichen Belastung ausgesetzt. Die Zufriedenheit mit den beruflichen Handlungsspielräumen ist sehr unterschiedlich ausgeprägt: 50% der jungen Anwälte sind mit ihrem beruflichen Handlungsspielraum zufrieden; die andere Hälfte schätzt den beruflichen Handlungsspielraum innerhalb ihrer Tätigkeit eher niedrig ein.

Die Einkommenszufriedenheit in der jungen Anwaltschaft ist niedrig. 68% sind mit ihrem Einkommen eher unzufrieden. Hohen Konkurrenzdruck spüren rund 60% der jungen Anwälte. Besonders unzufrieden ist die junge Anwaltschaft mit der beruflichen Verwertbarkeit von Kenntnissen aus der Ausbildung. Sie bezeichnen 74% als tendenziell niedrig.

Diese generellen Ergebnisse bedürfen allerdings deutlichen Differenzierungen nach der jeweiligen Form der Berufsausübung. In diesem Zusammenhang ergeben sich für die Gründer neuer Kanzleien folgende zentrale Tendenzen:

- Die höchste berufliche Belastung konstatieren Einsteiger in bereits bestehende Sozietäten, die zu 63% angeben, einer hohen beruflichen Belastung ausgesetzt zu sein.
- Die Kanzleigründer konstatieren für sich selbst einen hohen beruflichen Handlungsspielraum, der wiederum deutlich höher ist als der Handlungsspielraum, der Einsteigern in bereits bestehende Sozietäten eingeräumt wird.
- Die Einkommenszufriedenheit der Gründer von und Einsteiger in Sozietäten ist erheblich höher als die Einkommenszufriedenheit von Einzelanwälten in eigener Kanzlei oder auch in Bürogemeinschaft. Dies ist nochmals ein deutlicher Hinweis darauf, dass Sozietätsgründern der Einstieg in den Anwaltsberuf tendenziell besser gelingt als den Gründern von Einzelkanzleien.
- Vor allem Einzelanwälte beklagen sehr hohen Konkurrenzdruck (72% gegenüber 55% der Gründer von Sozietäten).
- Auch die Zufriedenheit im Hinblick auf die Verwertung von Kenntnissen aus der Ausbildung ist unterschiedlich ausgeprägt. Sie ist am höchsten bei den Einsteigern in bestehende Sozietäten, während sie bei Einzelanwälten und Gründern von Sozietäten eher gering ausgeprägt ist (Tab. 34 und 35).[111]

Generell kann festgestellt werden, dass junge Gründer von Sozietäten oder auch Einsteiger in bestehende Sozietäten deutlich zufriedener sind als die Gründer von Einzelkanzleien. Damit wird zugleich deutlich, dass die Gründung von Einzelkanzleien inzwischen mit hohen beruflichen Risiken verbunden ist. Zugleich aber kann festgestellt werden, dass tendenziell eher solche Gründer erfolgreich sind, die sich bereits durch ihre Leistung im Studium überdurchschnittlich gut qualifiziert haben.

[111] Für die Berechnung der Berufszufriedenheit aller befragten Anwälte wurden die jeweils höchst ladenden Items der Faktoren gemäß der Skalierung aufgeteilt. Eine hohe Zufriedenheit umfasst die Zustimmung (1= trifft voll zu und 2 = trifft zu), eine geringe Zufriedenheit schließt die Angaben Indifferenz und Ablehnung ein (3 = Indifferenz, 4 = trifft nicht zu und 5 = trifft gar nicht zu).

Tab. 34: Berufszufriedenheit der Kanzleigründer

Dimensionen	Bewertung	befragte Anwaltschaft insgesamt	Einzelanwalt	Gründer Sozietät	Einsteiger Sozietät
berufliche Belastung	stark	43%	41%	45%	63%
	schwach	57%	59%	55%	38%
beruflicher Handlungsspielraum	groß	50%	80%	90%	63%
	gering	50%	20%	10%	37%
Einkommenszufriedenheit	hoch	32%	39%	60%	63%
	niedrig	68%	61%	40%	37%
Konkurrenzdruck	hoch	60%	72%	55%	63%
	niedrig	40%	28%	45%	37%
Zufriedenheit mit Ausbildungskenntnissen	hoch	26%*	38%	35%	56%
	niedrig	74%*	62%	65%	44%

*p>0,05

Ein ebenso differenziertes Bild ergibt sich für angestellte Rechtsanwälte und freie Mitarbeiter. Hier ergeben sich im Einzelnen folgende Tendenzen:

- Die höchste berufliche Belastung erleben angestellte Rechtsanwälte in Sozietäten, die geringste konstatieren junge Syndikusanwälte.

- Für die angestellten Rechtsanwälte in Sozietäten lässt sich feststellen, dass eine hohe berufliche Belastung zugleich mit geringem beruflichen Handlungsspielraum verbunden ist. Er ist ähnlich gering wie der von jungen Syndikusanwälten konstatierte. Es zeigt sich also, dass die Einbindung in größere Organisationen mit einer Verminderung des eigenen beruflichen Handlungsspielraums verbunden ist. Für freie Mitarbeiter gilt dies allerdings deutlich weniger als für fest angestellte Junganwälte.

- Die Inkaufnahme einer hohen beruflichen Belastung und zugleich der Verzicht auf große berufliche Handlungsspielräume zahlen sich in wirtschaftlicher Hinsicht für die angestellten Rechtsanwälte in Sozietäten aus. Ihre Einkommenszufriedenheit ist ähnlich hoch ausgeprägt wie die der jungen Syndikusanwälte (hohe Zufriedenheit 64% und 60%). Sie liegt zugleich weit über der Einkommenszufriedenheit aller anderen Gruppen angestellter Anwälte oder freier Mitarbeiter.

- Der Konkurrenzdruck im Beruf wird von den freien Mitarbeitern und angestellten Anwälten in ihrer Mehrheit als relativ niedrig bezeichnet. Er liegt deutlich unter dem Konkurrenzdruck, den die Gründer neuer Kanzleien im Prozess der Durchsetzung ihrer Kanzleien am Markt erfahren.
- Die Zufriedenheit angestellter Anwälte und freier Mitarbeiter mit den Kenntnissen aus der Ausbildung liegt ebenfalls deutlich höher als die ihrer Kollegen, die sich im Zuge einer eigenen Kanzleigründung selbständig gemacht haben. Diese erheblichen Unterschiede weisen darauf hin, dass die Ausbildung nach wie vor nicht ausreichend für den selbständigen Betrieb von Anwaltskanzleien qualifiziert.

Tab.: 35: Berufszufriedenheit nach Anwaltstyp

Dimensionen	Bewertung	befragte Anwaltschaft insgesamt	angestellte Rechtsanwälte in Sozietäten	angestellte Rechtsanwälte in EK / BG	Syndici	freie Mitarbeiter in Sozietäten	freie Mitarbeiter in EK / BG
berufliche Belastung	stark	43%	64%	57%	35%	46%	58%
	schwach	57%	36%	43%	65%	54%	42%
beruflicher Handlungsspielraum	groß	50%	29%	53%	30%	44%	63%
	gering	50%	71%	47%	70%	56%	37%
Einkommenszufriedenheit	hoch	32%	64%	21%	60%	44%	32%
	niedrig	68%	36%	79%	40%	56%	68%
Konkurrenzdruck	hoch	60%	44%	36%	35%	44%	47%
	niedrig	40%	56%	64%	65%	56%	53%
Zufriedenheit mit Ausbildungskenntnissen	hoch	26%*	54%	53%	54%	63%	58%
	niedrig	74%*	46%	47%	46%	37%	42%

*p>0,05

Insgesamt betrachtet zeigt sich, dass auch unter dem Aspekt der Berufszufriedenheit die Situation der Gründer neuer Kanzleien besonders schwierig ist. Zwar ist erkennbar, dass sich die Gründer von Sozietäten weniger schwer tun als die Gründer von Einzelkanzleien. Aber auch ihre (selbst wahrgenommene) berufliche Situation ist hinsichtlich der verschiedenen Aspekte subjektiver Zufriedenheit deutlich schwieriger als die Situation von angestellten Anwälten und freien Mitarbeitern.

7. Zukunftsfelder anwaltlicher Tätigkeit aus Sicht junger Anwälte

Zum Abschluss der Analyse wurden die Befragten gebeten, Zukunftsfelder anwaltlicher Tätigkeit zu benennen. Dabei wurden keine Antwortvorgaben gemacht, so dass eine Vielzahl unterschiedlicher Nennungen zusammenkam. Diese wurden ausgewertet und thematisch gebündelt. Aus Gründen der Übersichtlichkeit werden hier die fünf Tätigkeitsbereiche besprochen, die am häufigsten genannt wurden (Abb. 74). Dabei lassen sich zwei Arten der Beschreibung von Zukunftsfeldern unterscheiden: Zum einen nannten die Befragten konkrete Themenbereiche, zum anderen identifizierten sie Zukunftsstrategien.

Abb. 74: Zukunftsfelder anwaltlicher Tätigkeit aus Sicht junger Rechtsanwälte

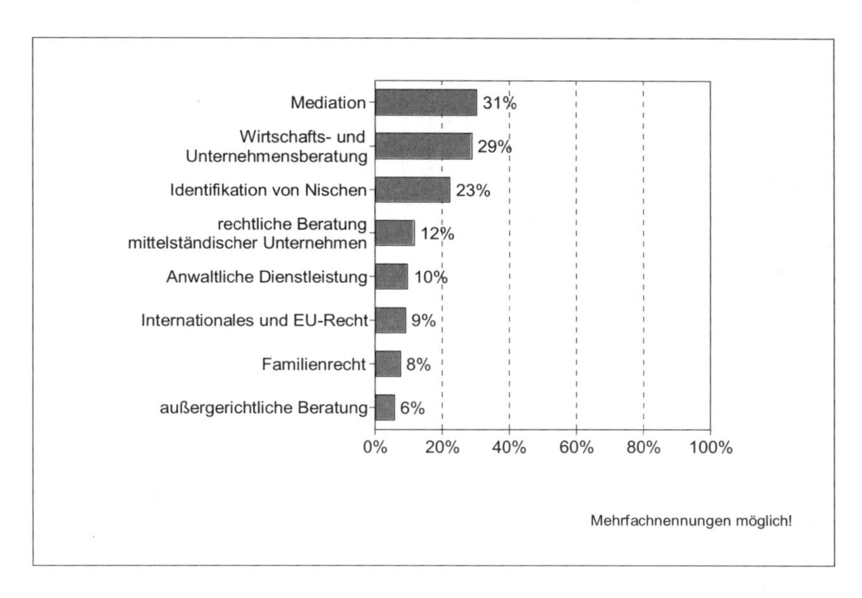

Interessant ist, dass Mediation als „schonendes" Konfliktlösungsverfahren von 31% der jungen Anwälte am häufigsten als Zukunftsfeld genannt wurde. Dies unterstreicht eine relativ ausgeprägte Offenheit gegenüber diesem Konfliktlösungsmodell.

Wirtschafts- und unternehmensberatende Tätigkeiten und hier insbesondere auch die Beratung mittelständischer Unternehmen sehen insgesamt 29% als Zukunftsfeld anwaltlicher Tätigkeit an. Diese Hinweise offenbaren keine neuen, sondern weitgehend übliche Erwartungen an aussichtsreiche Felder anwaltlicher Tätigkeit.

Interessant ist, dass 23% der jungen Anwälte angeben, durch die Identifikation und Erschließung von Nischen sei in Zukunft anwaltlicher Erfolg möglich. Dies zeigt nochmals, dass die zunehmende Tendenz zur Spezialisierung auch in der jungen Anwaltschaft klar erkannt wird.

Aus den Antworten lässt sich auch eine gewisse Tendenz in Richtung Internationalisierung anwaltlicher Tätigkeit erkennen. Hier sehen – in ungestützter Frage – neun Prozent ein zukünftiges Tätigkeitsfeld.

Insgesamt ergeben sich aus den Hinweisen der jungen Anwälte auf Zukunftsfelder anwaltlicher Tätigkeit keine weitreichenden neuen Erkenntnisse. Es bleibt aber festzuhalten, dass junge Anwälte dem Bereich der außergerichtlichen Streitbeilegung, insbesondere durch Mediation,[112] einen erheblichen Stellenwert für die Zukunft beimessen.

---

[112] Zur Marktdurchsetzung von Mediation vgl. Hommerich, Kriele (2004), S. 79ff.

Teil 3: Zusammenfassung der wichtigsten Ergebnisse

1. Die Ausgangssituation juristischer Berufseinsteiger: Anwaltsmarkt im Umbruch

■ Größenwachstum

Die Anwaltschaft ist durch ein ungebremstes Größenwachstum gekennzeichnet. Am 1.1.2006 waren 138.131 Rechtsanwältinnen und Rechtsanwälte zugelassen.

■ Differenzierung

Die Anwaltschaft befindet sich in einer Phase beschleunigter innerer Dynamik.

- Der Globalisierungstrend schreitet fort.
- Zahl und Größe der Sozietäten nehmen zu.
- Die steigende Zahl von Fachanwaltschaften ist Ausdruck einer zunehmenden Spezialisierung innerhalb der Anwaltschaft.
- Auch jenseits der Fachanwaltschaften nimmt die Spezialisierung zu.
- Es bilden sich erste „Ketten“ von Anwaltskanzleien im Sinne von Filialsystemen.

2. Die empirische Analyse der Berufssituation junger Anwälte

Aus der Grundgesamtheit der im Jahr 2003 neu zugelassenen Rechtsanwälte wurde eine 30%-Zufallsstichprobe gezogen (2.588 junge Anwälte). Davon nahmen 593 Rechtsanwälte an der Untersuchung teil. Die um unzustellbare Fragebögen bereinigte Rücklaufquote beträgt 25,9%.

3. Generelle Charakteristika junger Rechtsanwälte

Form der Berufsausübung

Die junge Anwaltschaft ist heterogen zusammengesetzt. Ein Drittel wählt den Weg in die Selbständigkeit. 42% arbeiten als angestellte Rechtsanwälte. Weitere 13% arbeiten als Syndikusanwälte. Als freier Mitarbeiter üben 11% den Anwaltsberuf aus.

Diese Gruppen haben sich anteilsmäßig im Vergleich zu 1997 verändert. Damals gründeten 41% der jungen Anwälte eine Kanzlei, 32% arbeiteten in einem Angestelltenverhältnis, 22% in freier Mitarbeit und vier Prozent waren Syndikusanwälte.

Qualifikation

Die in Sozietäten angestellten Anwälte können die besten Examensergebnisse vorweisen. Freie Mitarbeiter in Einzelkanzleien oder Bürogemeinschaften erzielen ebenso wie Gründer von Einzelkanzleien oder Bürogemeinschaften im Durchschnitt die schlechtesten Examensnoten.

Die Examensergebnisse der befragten Junganwälte zeigen, dass die Anwaltschaft kein Auffangbecken für schlechter qualifizierte Juristen ist: 22% erreichten im ersten juristischen Staatsexamen ein Prädikat. Der Anteil der Prädikatsexamina bei allen Juristen im Jahr 2003 lag bei 20%. Im zweiten Staatsexamen weicht der Anteil der Anwälte mit Prädikatsexamen nur geringfügig von dem aller Juristen ab.

Entwicklung des Frauenanteils

Der Anteil der Rechtsanwältinnen in der jungen Anwaltschaft ist seit 1997 von 34% auf 40% gestiegen. Hinsichtlich der Art der Berufsausübung zeigen sich keine signifikanten Unterschiede zwischen den Geschlechtern.

Examensergebnisse

Junge Rechtsanwältinnen schließen die juristischen Staatsprüfungen signifikant seltener mit Prädikat ab als ihre männlichen Kollegen.

4. Einstieg in den Anwaltsberuf

■ Berufspräferenz

57% der jungen Rechtsanwältinnen und Rechtsanwälte favorisieren zum Abschluss der juristischen Ausbildung den Beruf des Rechtsanwalts. 43% der Befragten strebten den Anwaltsberuf ursprünglich nicht an.

Über die Hälfte der freien Mitarbeiter in Einzelkanzleien und Bürogemeinschaften gibt an, ihren ursprünglichen Berufswunsch nicht realisiert zu haben.

■ Geschlechtsspezifische Differenzen

Für junge Rechtsanwältinnen ist bei Abschluss der juristischen Ausbildung die Anwaltstätigkeit seltener als für ihre männlichen Kollegen der Wunschberuf erster Priorität (52% gegenüber 60%). Rechtsanwältinnen streben dagegen häufiger eine Tätigkeit in der Justiz an (14% gegenüber 9% bei den Männern).

5. Die berufliche Situation angestellter Rechtsanwälte und freier Mitarbeiter

■ Berufseinstieg

83% der angestellten Anwälte und 73% der freien Mitarbeiter wählen die Angestelltentätigkeit bzw. die freie Mitarbeit, um erste Berufserfahrungen zu sammeln. Rund 25% entscheiden sich gegen eine Gründung, weil sie sich grundsätzlich über ihren längerfristigen Verbleib in der Anwaltschaft im Unklaren sind. Die entsprechenden Vergleichswerte für freie Mitarbeiter und angestellte Anwälte liegen bei 27% und 22%.

Für 38% der angestellten Rechtsanwälte und 32% der freien Mitarbeiter ist die schwierige Konkurrenzsituation auf dem Markt anwaltlicher Dienste ein Grund dafür, sich nicht in eigener Kanzlei niederzulassen. 33% der angestellten und 43% der frei mitarbeitenden Anwälte fehlen die finanziellen Mittel zu einer Kanzleigründung.

Berufliche Ziele

Insgesamt sind sich 23% der angestellten Anwälte und freien Mitarbeiter unsicher, ob sie die Anwaltstätigkeit langfristig ausüben wollen.

Arbeitszeiten

14% der angestellten Rechtsanwälte und freien Mitarbeiter üben ihre Tätigkeit in Teilzeit aus. Knapp ein Viertel der angestellten Anwälte und freien Mitarbeiter arbeitet ungewollt in einer solchen Teilzeitbeschäftigung. Dies entspricht einem Anteil von drei Prozent der befragten Anwälte.

Rechtsanwältinnen ohne Kinder arbeiten zu 87% Vollzeit, Rechtsanwältinnen mit Kindern zu 43%. Ihre männlichen Kollegen ohne Kinder arbeiten zu 93%. Vollzeit. Demgegenüber arbeiten Rechtsanwälte, die Väter sind, zu 88% Vollzeit.

Teilzeitbeschäftigte Rechtsanwälte, die in Sozietäten angestellt sind oder frei mitarbeiten, arbeiten durchschnittlich 28 bzw. 29 Stunden pro Woche. Vollzeittätige Anwälte, die in Sozietäten angestellt sind, arbeiten im Durchschnitt 52 Stunden wöchentlich. Bei freien Mitarbeitern, die in Sozietäten vollzeittätig sind, umfasst die wöchentliche Arbeitszeit 50 Stunden.

Rechtsanwälte, die in einer Einzelkanzlei oder Bürogemeinschaft teilzeitbeschäftigt sind, arbeiten durchschnittlich 24 Stunden in der Woche. Ihre vollzeittätigen Kollegen geben demgegenüber eine wöchentliche Arbeitszeit von durchschnittlich 48 Stunden an.

Wirtschaftliche Situation angestellter Anwälte und freier Mitarbeiter

Angestellte Anwälte und freie Mitarbeiter stehen in den ersten Jahren der Ausübung der Anwaltstätigkeit wirtschaftlich besser da als Kanzleigründer. Das durchschnittliche Jahresbruttogehalt von vollzeittätigen in Sozietäten angestellten Anwälten liegt bei 47.900 €. Ihre Kollegen in Einzelkanzleien verdienen jährlich brutto 28.800 €, vollzeittätige freie Mitarbeiter in Sozietäten 31.300 € und freie Mitarbeiter in Einzelkanzleien oder Bürogemeinschaften 28.100 €.

■ **Individuelle Einkommensdeterminanten**

Rechtsanwälte mit Prädikatsexamen haben unabhängig von der Art ihrer Anstellung und der Kanzleiform in fast allen Fällen ein höheres Bruttoeinkommen als ihre Kollegen mit befriedigenden oder ausreichenden Examensnoten.

Eine abgeschlossene Promotion führt bei angestellten und frei mitarbeitenden Rechtsanwälten zu einem signifikant höheren Jahreseinkommen.

Darüber hinaus steigt das Einkommen von Angestellten und freien Mitarbeitern mit zunehmender zeitlicher Arbeitsintensität.

Rechtsanwältinnen werden durchgängig schlechter bezahlt als ihre männlichen Kollegen.

■ **Marktbezogene Einkommensdeterminanten**

Fachliche Spezialisierung und eine klare strategische Ausrichtung der beschäftigenden Kanzleien wirken sich positiv auf die Einkommenssituation angestellter Anwälte und freier Mitarbeiter aus. Auch zwischen der Einwohnerzahl des Arbeitsortes und der Höhe des Einkommens besteht ein Zusammenhang: In Städten mit mehr als 500.000 Einwohnern verdienen angestellte Anwälte und freie Mitarbeiter signifikant mehr als in kleineren Orten. In den neuen Bundesländern erzielen angestellte Rechtsanwälte und freie Mitarbeiter unabhängig von der Kanzleiform deutlich niedrigere Einkommen als in den alten Bundesländern. In großen Sozietäten angestellte Rechtsanwälte verdienen deutlich besser als ihre Kollegen in kleinen Sozietäten. Bei den freien Mitarbeitern in Sozietäten sind die Unterschiede hingegen relativ schwach ausgeprägt.

6. Die berufliche Situation der Kanzleigründer

■ **Gründungsmotive**

Stärker als 1997 erfolgen Kanzleigründungen 2004 als Reaktion auf die angespannte Situation am Arbeitsmarkt für Juristen. 42% der jungen Kanzleigründer und Einsteiger in bestehende Sozietäten geben an, den Schritt in die Selbständigkeit wegen fehlender beruflicher Alternativen unternommen zu haben

(1997 = 20%). Der Anteil derjenigen, die aufgrund des persönlichen Wunsches nach einer selbständigen Tätigkeit in eigener Kanzlei arbeiten, ist seit 1997 um 15% auf 61% gefallen.

Gründungsberatung

Nur 17% der Kanzleigründer nehmen eine Gründungsberatung in Anspruch. 1997 lag dieser Anteil noch bei 33%. Bei Gründern von Bürogemeinschaften ist der Anteil mit 15% am geringsten. Von den Sozietätsgründern lassen sich 25% beraten. Hier ist auch der Anteil der Gründer höher, die einen Businessplan erstellen: Er liegt bei 45% im Gegensatz zu 36% bei den Einzelkanzleigründern. Insgesamt nutzen 83% der Befragten die einschlägigen Beratungsangebote nicht.

Organisationsform

Die Entscheidung für bestimmte Organisationsformen anwaltlicher Tätigkeit werden von sehr unterschiedlich gelagerten Motiven getragen:

- Die eigene Unabhängigkeit ist für 46% der Einzelkanzleigründer das wichtigste für die Wahl dieser Organisationsform. 28% geben an, keinen geeigneten Partner für die Gründung einer Sozietät gefunden zu haben.
- Für Gründer von Bürogemeinschaften sind Kostengründe das stärkste Argument für die Wahl dieser Organisationsform (44%). Gleichzeitig ist ihnen auch die Möglichkeit des Austauschs mit Kollegen wichtig (36%).
- Eine Berufsausübung in Gemeinschaft, die gleichzeitig den einzelnen Partnern eine fachliche Spezialisierung erlaubt, steht für 30% der Gründer von Sozietäten im Vordergrund.

Kanzleiräume

Die Mehrheit der Kanzleigründer praktiziert in angemieteten Kanzleiräumen (53%). Der Anteil der „Wohnzimmerkanzleien“ ist seit 1997 um 11% gestiegen (von 26% auf 37%). Gründer von Einzelkanzleien üben zu 53% ihre Anwaltstätigkeit im eigenen Wohnraum aus. Kennzeichnend für viele Gründer ist eine äußerst geringe Risikobereitschaft.

■ Investitionen

Die Investitionsvolumina unterscheiden sich deutlich nach Kanzleiform: Erwartungsgemäß werden bei Gründungen von Sozietäten die höchste Investitionssumme pro Partner aufgebracht. Sozietätsgründer investieren mit durchschnittlich 8.100 € pro Partner durchschnittlich knapp 3.000 € mehr als andere Gründer. Ein Vergleich der Jahre 1997 und 2004 zeigt, dass die Höhe der insgesamt getätigten Gründungsinvestitionen bei allen Kanzleien deutlich zurückgegangen ist. Im Ergebnis wird sichtbar, dass die Mehrheit der Einzelanwälte eine Art „Berufseinstieg unter Minimalbedingungen" versuchen und Investitionen tendenziell minimieren.

■ Gründungsfinanzierung

Die große Mehrheit der jungen Gründer finanziert den Schritt in die Selbständigkeit überwiegend aus eigenen Mitteln (79%). Der Anteil der Kanzleigründer, der einen staatlich geförderten Existenzgründungskredit in Anspruch nimmt, ist seit 1997 von 9% auf 26% gestiegen.

■ Strategische Ausrichtung

Die bedeutendsten Tätigkeitsfelder der neu gegründeten Kanzleien sind das Mietrecht, Arbeitsrecht und Verkehrsrecht. In den Spezialgebieten Umweltrecht, Mediation, Internationales Recht und EU-Recht werden demgegenüber äußerst selten fachliche Schwerpunkte gesetzt.

61% der Kanzleigründer bezeichnen sich eher als Generalisten, 39% eher als Spezialisten. Im Vergleich zu 1997 ergeben sich keine Veränderungen.

Eine mittelfristige Ausrichtung der Kanzlei auf Zielgruppen planen 56% der jungen Gründer (1997 = 59%). 62% der Sozietätsgründer planen, sich mittelfristig auf eine Zielgruppe auszurichten. 61% der Gründer von Bürogemeinschaften setzen sich dasselbe Ziel. In Einzelkanzleien planen 49% einen solchen strategischen Schritt. Es wird deutlich, dass Einzelanwälte eher auf eine „generalistische" Tätigkeit setzen.

Hauptzielgruppe für eine Spezialisierung sind kleine und mittelständische Unternehmen. 81% der Gründer, die sich spezialisieren wollen, sehen hier ihren zukünftigen Markt. Auf die rechtlichen Belange von Privatpersonen wollen sich 20% der Kanzleigründer konzentrieren.

■ Entwicklung der Mandatszahlen

Gründer von Einzelkanzleien, deren Kanzlei noch kein Jahr besteht, erhalten durchschnittlich sieben Mandate im Monat. Demgegenüber sinkt die durchschnittliche Anzahl der Mandate auf fünf Mandate pro Monat, wenn die Kanzlei schon ein Jahr und länger besteht.

Die höchste Anzahl akquirierter Mandate weisen im Vergleich die neu gegründeten Sozietäten auf. Sozietäten erhöhen ihre durchschnittliche Mandatszahl nach dem Gründungsjahr von 13 auf 15 Mandate pro Monat.

Bürogemeinschaften konnten nach ihrem Gründungsjahr die durchschnittliche Anzahl der Mandate von fünf auf neun pro Monat erhöhen. Damit akquirieren sie zwar im Gründungsjahr im Schnitt weniger Mandate als die Gründer von Einzelkanzleien, sind aber in der Lage, die Anzahl der Mandate ein Jahr nach der Niederlassung zu steigern.

Die Akquisition privater Mandate gelingt leichter, ist aber wenig steigerungsfähig, wohingegen die Gewinnung von Unternehmensmandanten erwartungsgemäß mehr Zeit benötigt

■ Kostenanalyse

Gründer von Sozietäten können mit 629 € die niedrigsten Kosten pro Kopf vorweisen. Die Gründer von Bürogemeinschaften haben mit 893 € leicht niedrigere Kosten als die Gründer von Einzelkanzleien (927 €).

■ Durchschnittliche Honorarumsätze

Die höchsten durchschnittlichen monatlichen Pro-Kopf-Honorarumsätze erzielen die Gründer von Sozietäten mit 1.548 €. Die Gründer von Einzelkanzleien setzen monatlich im Vergleich dazu leicht weniger um. Die Gründer von Bürogemeinschaften hingegen erzielen mit 1.105 € durchschnittlich ca. 400 € weniger Umsatz als Gründer von Sozietäten.

Im Ergebnis wird ebenfalls deutlich, dass zwar insgesamt die höchsten Umsatzzahlen mit gewerblichen Mandaten erzielt werden, jedoch nur wenige Kanzleigründer diese auch akquirieren können.

Der Verzicht auf eine systematische Gründungsplanung wirkt sich negativ auf die wirtschaftliche Entwicklung der Kanzleigründung aus. Rechtsanwälte, die die Gründung ihrer Kanzlei strategisch planen, indem sie einen Businessplan anfertigen, erzielen deutlich höhere Umsatzzahlen als Gründer, die planlos und unstrategisch vorgehen.

- **Einschätzung der bisherigen wirtschaftlichen Entwicklung der Kanzlei**

Die Ergebnisse unterstreichen einen erheblichen Einfluss der subjektiven Motivationslage auf die individuellen Einschätzungen der wirtschaftlichen Entwicklung neu gegründeter Kanzleien durch ihre Gründer. Vor allem dann, wenn der Anwaltsberuf nur „zweite Wahl“ war und wegen des Fehlens beruflicher Alternativen eingeschlagen wurde, wird die Kanzleientwicklung häufig als Enttäuschung erlebt.

- **Arbeitszeit junger Gründer**

29% der Sozietätsgründer geben an, wöchentlich 60 Stunden und mehr zu arbeiten (im Vergleich: vier Prozent der Einzelkanzleigründer). Dies spricht dafür, dass Sozietäten deutlich stärker ausgelastet sind als Einzelkanzleien.

- **Spezialisierung**

Interessant für die künftige Entwicklung ist der Umstand, dass nicht weniger als 55% der befragten Gründer die Absicht haben, innerhalb der nächsten drei Jahre eine Ausbildung zum Fachanwalt zu absolvieren.

Insgesamt wird deutlich, dass sich gerade auch unter den Gründern von Anwaltskanzleien der Spezialisierungsgedanke stark durchgesetzt hat. Es ist unter diesen Vorzeichen zu erwarten, dass der Trend zur Spezialisierung in den kommenden Jahren stark durch junge Anwälte getrieben wird.

■ Durchsetzungsprobleme der Gründer am Markt

Es zeigt sich deutlich, dass Gründungen von Kanzleien unter der Bedingung von Marktsättigung vorgenommen werden, wodurch ihre Erfolgswahrscheinlichkeit stark abnimmt. In diesem Zusammenhang ist von Bedeutung, dass der Standort aus Sicht der Gründer überwiegend keinen negativen Einfluss auf den Kanzleierfolg hat. Diese Aussage reflektiert Überlegungen, mit einer geeigneten Standortwahl den Kanzleierfolg zu beeinflussen. Vielmehr ist inzwischen davon auszugehen, dass nahezu alle denkbaren Standorte mit Anwälten besetzt sind, so dass strategische Schwerpunktsetzungen als Unterscheidungs- und Identifikationskriterium einer Kanzlei wichtiger werden als die Standortfrage.

7. Die Syndikusanwälte

Der Anteil der Syndikusanwälte an der jungen Anwaltschaft steigt. Nach wie vor zählen sie zur Gruppe der hoch bezahlten Rechtsanwälte. Im Vergleich zu früheren empirischen Erhebungen nivelliert sich ihr an der Examensnote gemessener Qualitätsvorsprung gegenüber den anderen jungen Rechtsanwälten.

8. Berufszufriedenheit junger Rechtsanwälte

■ Einkommenszufriedenheit

Die Einkommenszufriedenheit junger Anwälte ist insgesamt eher niedrig. Mehr als zwei Drittel (68%) der jungen Anwälte kommen zu der Einschätzung, dass ihr Einkommen ihrer beruflichen Leistung und Ausbildung nicht angemessen sei. Differenziert nach Anwaltstyp zeigen sich entsprechend den Einkommensunterschieden deutliche Unterschiede in der Einkommenszufriedenheit:

- Am unzufriedensten mit ihrem Einkommen sind demnach in Einzelkanzleien und Bürogemeinschaften angestellte Rechtsanwälte (79%). Ein vergleichbar hoher Anteil der dortigen freien Mitarbeiter (68%) sieht sich ebenfalls als nicht angemessen bezahlt. Ebenfalls unzufrieden ist die Mehrheit der Gründer von Einzelkanzleien oder Bürogemeinschaften (61%).

- Eher zufrieden mit dem Einkommen zeigen sich die in Sozietäten angestellten Rechtsanwälte (64%) und Syndikusanwälte (60%).

Die hohen geschlechtsspezifischen Einkommensunterschiede schlagen sich nicht in einer geringen Einkommenszufriedenheit bei den Frauen nieder.

- **Zufriedenheit mit den Arbeitsbedingungen**

Hinsichtlich des beruflichen Handlungsspielraums zeigen sich Kanzleigründer von allen befragten anwaltlichen Gruppen am zufriedensten. Eine deutliche Mehrheit der Sozietätsgründer (90%) und der Einzelanwälte (80%) gibt an, einen großen beruflichen Handlungsspielraum zu haben. Hingegen schätzen die in Sozietäten angestellten Anwälte (71%) und Syndici (70%) ihren Handlungsspielraum als nicht besonders groß ein.

Insgesamt empfindet die Mehrheit der jungen Rechtsanwälte keine starke berufliche Belastung (57%). Davon abweichend nehmen 63% der Einsteiger in Sozietäten und 64% der in Sozietäten angestellten Rechtsanwälte eine hohe berufliche Belastung wahr.

60% aller befragten Anwälte empfinden eine starke Konkurrenz unter Kollegen. Kanzleigründer nehmen hier einen stärkeren Konkurrenzdruck wahr als Syndikusanwälte und Rechtsanwälte im Angestelltenverhältnis oder in freier Mitarbeit. Die stärkste Konkurrenz unter Kollegen empfinden zu 72% Gründer von Einzelkanzleien und Bürogemeinschaften.

Knapp drei Viertel (74%) aller Befragten sind mit der Anwendungsmöglichkeit von Kenntnissen aus der Ausbildung unzufrieden.

9. Zukunftsfelder der anwaltlichen Tätigkeit aus Sicht junger Anwälte

Als zukunftsfähiger Bereich der Rechtsdienstleistungen wird am häufigsten die Mediation genannt (31%). 29% gehen davon aus, dass in der Wirtschafts- und Unternehmensberatung ein Schwerpunkt anwaltlicher Tätigkeit liegen könnte. 23% der jungen Anwaltschaft erkennen allgemein in der „Identifikation von Nischen“ ein zukunftsfähiges Konzept.

Literaturverzeichnis

Abel, R. B., Spezialisierungen, in: Pepels, W., Steckler, B. (Hrsg.), Anwalts-Marketing, München 2003, S. 89-114.

Axmann, M. (Hrsg.), Starthandbuch für Rechtsanwälte, Köln 2002.

Bahr, M., Finanzierung und Fördermittel, in: DAV, FORUM Junge Anwaltschaft (Hrsg.), DAV-Ratgeber für Junge Rechtsanwältinnen und Rechtsanwälte, 10 Aufl., Bonn 2004, S. 325-345.

Bosch, G. u.a. (Hrsg.), Die Zukunft von Dienstleistungen. Ihre Auswirkung auf Arbeit, Umwelt und Lebensqualität, Frankfurt, New York 2002.

BPW-Nordbayern GmbH (Hrsg.), Handbuch Businessplan-Erstellung, 5. überarb. Aufl., Nürnberg 2002.

Bundesministerium der Justiz, Referat RB6, Ausbildungsstatistik 2000, 2002, 2003, 2004, http://www.bmj.de/enid/309509262874a5270ead8951490710f3,0/Statistiken/Aus bildung_67.html (Abrufdatum: August 2005 und März 2006).

Bundesministerium für Familie, Senioren, Frauen und Jugend, Gender Datenreport: Kommentierter Datenreport zur Gleichstellung von Frauen und Männern in der Bundesrepublik Deutschland 2005.

Bundesrechtsanwaltskammer (BRAK), Statistiken 2005.

Deutscher Anwaltverein, FORUM Junge Anwaltschaft (Hrsg.), DAV-Ratgeber für Junge Rechtsanwältinnen und Rechtsanwälte, 10. Aufl., Bonn 2004.

Hagenkötter, A., Umsatzentwicklung deutscher Anwaltskanzleien von 1980 bis 2003, in: AnwBl. 10 / 2005, S. 643.

Hagenkötter, A., Rückläufige Umsätze – Neueste Zahlen aus Wiesbaden, in: Anwalt 8-9 / 2003, S.14-15.

Hassels, A., Hommerich, C., Frauen in der Justiz, Köln 1993.

Heinz, J. P., Laumann, E. O., Chicago Lawyers. The Social Structure of the Bar, New York, Chicago 1982.

Henssler, M., Ist der Freie Mitarbeiter abgeschafft? Was nun? Der Freie Mitarbeiter im Spiegel des anwaltlichen Berufsrechts, in: AnwBl. 4 / 2000, S. 213-222.

Hommerich, C., Kilian, M., Vergütungsvereinbarungen deutscher Rechtsanwälte: Eine empirische Untersuchung, Bonn 2006.

Hommerich, C, Strategisches Marketing, in: Kilian, M., vom Stein, J. (Hrsg.), Praxishandbuch für Anwaltskanzlei und Notariat, Bonn 2005, S. 231-261.

Hommerich, C., Kriele, D., Marketing für Mediation, Bonn 2004.

Hommerich, C., Die Gründungsplanung, in: DAV, FORUM Junge Anwaltschaft (Hrsg.), DAV-Ratgeber für junge Rechtsanwältinnen und Rechtsanwälte, 10. Aufl., Bonn 2004, S. 184-204.

Hommerich, C., Der Einstieg in den Anwaltsberuf. Eine empirische Untersuchung der beruflichen Situation von Rechtsanwältinnen und Rechtsanwälten, Bonn 2001a.

Hommerich, C., Mit Strategie zum Erfolg. Anwaltskanzleien im Wettbewerb, in: Anwalt, 4 / 2001b, S. 28-31.

Hommerich, C., Die Anwaltschaft unter Expansionsdruck. Eine Analyse der Berufssituation junger Rechtsanwältinnen und Rechtsanwälte, Essen 1988.

Hommerich, C., Prütting, H., Das Berufsbild des Syndikusanwalts, Bonn 1998.

Huff, M. W., Große Unterschiede auf dem deutschen Rechtsberatungsmarkt, in: NJW 21 / 2005, S. XVIII-XX.

Institut der Deutschen Zahnärzte, Investitionen bei der zahnärztlichen Existenzgründung 2004 (IDZ-Informationen 4 / 2005).

Institut für Freie Berufe (Hrsg.), STAR 2001 – Statistisches Berichtssystem für Rechtsanwälte, Ergebnisdokumentation für das Wirtschaftsjahr 1999, Nürnberg 2001.

Kilger, H., Generalist oder Spezialist? in: DAV, FORUM Junge Anwaltschaft (Hrsg.), DAV-Ratgeber für junge Rechtsanwältinnen und Rechtsanwälte, 10. Aufl., Bonn 2004, S. 85-94.

Kilger, H., Ist der Freie Mitarbeiter abgeschafft? Was nun? Scheinselbständige und arbeitnehmerähnliche Selbständige. Der sozialrechtliche Teil des Korrekturgesetzes und der Korrektur desselben, in: AnwBl. 3 / 2000, S.149-159.

Kilger, H., Der Traum vom „freien" Mitarbeiter (Nr.2), in: AnwBl. 4 / 1999, S. 204.

Kilger, H., Die Geschichte der Rechtsanwaltsversorgungswerke, in: AnwBl. 8 + 9 / 1998, S. 424ff. und 560 ff.

Kilger, H., Der Traum vom „freien" Mitarbeiter oder: Die Brutalpädagogik des Dritten Abschnitts SGB IV, in: AnwBl. 5 / 1992, S. 212-213.

Kilian, M., Der Syndikusanwalt, in: Kilian, M., vom Stein, J. (Hrsg.), Praxishandbuch für Anwaltskanzlei und Notariat, Bonn 2005a, S. 849-856.

Kilian, M., Rechtliche Grundlagen der anwaltlichen Tätigkeit, München 2005b.

Kotler, P., Marketing Professional Services, Paramus (New Jersey) 2002.

Leis, H., Kanzleigründungsplan, in: DAV, FORUM Junge Anwaltschaft (Hrsg.), DAV-Ratgeber für Junge Rechtsanwältinnen und Rechtsanwälte, 10 Aufl., Bonn 2004, S. 205-215.

McKinsey & Company, Inc. (Hrsg.), Planen, gründen, wachsen. Mit dem professionellen Businessplan zum Erfolg, Zürich 1997.

Moll, W., Streck, M., Der Rechtsanwalt als Arbeitnehmer und als freier Mitarbeiter, in: Henssler, M., Streck, M. (Hrsg.), Handbuch des Sozietätsrechts, Köln 2001, S. 776-891.

OECD, Labour Force Statistics 1980-2004.

Oppel, K., Art. Wer sich vertieft, behält den Überblick, in: Financial Times Deutschland vom 28.10.2005, C6.

Riebe, C., Vertragliche Vereinbarungen mit Mitarbeitern, in: Brüning, M., Abel, R. (Hrsg), Die moderne Anwaltskanzlei. Gründung, Einrichtung und rationelle Organisation, 3. Aufl., Bonn 2001, S. 187-204.

Schnell, R., Hill, P. B., Esser, E., Methoden der empirischen Sozialforschung, 3., überarb. Aufl., München, Wien 1992.

Schulte, B. P., Strategische Ausrichtung und Marketing, in: DAV, Institut für Juristische Weiterbildung der FernUniversität Hagen (Hrsg.), Die Anwaltskanzlei, DAV-Anwaltsausbildung, Band 2, Bonn 2005, S. 397-543.

Statistisches Bundesamt (Hrsg.), Finanzen und Steuern, Personal des öffentlichen Dienstes 2003, Fachserie 14 / Reihe 6, Wiesbaden 2005a.

Statistisches Bundesamt (Hrsg.), Finanzen und Steuern, Umsatzsteuer, Fachserie 14 / Reihe 8., Wiesbaden 2005b.

Statistisches Bundesamt (Hrsg.), Nichtmonetäre hochschulstatistische Kennzahlen, Fachserie 11 / Reihe 4.3.1 – 1980-2004, Wiesbaden 2005c.

Statistisches Bundesamt (Hrsg.), Leben und Arbeiten in Deutschland, Ergebnisse des Mikrozensus 2003, Wiesbaden 2004.

Streck, M., Krach, T., Hagenkötter, A., Hommerich, C., Historische und gesellschaftliche Grundlagen des Anwaltsberufs, Berlin 2005.

Strobel, W., Die ökonomische Zukunft der Rechtsberatung in Orientierung an der Steuerberatung / Wirtschaftsprüfung, in: Betriebsberater, H.11, April 1987, S.699-710.

Trendence Institut für Personalmarketing, Das Absolventenbarometer 2004 – Deutsche Law Edition, http://site.trendence.de (Abrufdatum: April 2006).

Volks, H., Anwaltliche Berufsrollen und anwaltliche Berufsarbeit in der Industriegesellschaft, Diss., Köln 1974.

Winters, K.-P., Der Rechtsanwaltsmarkt. Chancen, Risiken und zukünftige Entwicklung, Köln 1989.

Zentralinstitut für die Kassenärztliche Versorgung, Das Investitionsverhalten von Ärzten bei der Praxisgründung 2002/2003, Köln, Düsseldorf 2004.

Zentralstelle für Arbeitsvermittlung (ZAV), Arbeitsmarkt-Informationsservice Jahresbericht 2005.

Über das Soldan Institut für Anwaltmanagement

Das Soldan Institut für Anwaltmanagement e. V. wurde im Januar 2002 gegründet. Das gemeinnützige und unabhängige Forschungsinstitut wird von der Hans Soldan Stiftung finanziell unterstützt.

Ziel des Instituts ist die Erforschung der Strukturentwicklung der Anwaltschaft und der sich hieraus ergebenden Bedingungen für ein erfolgreiches und zukunftsorientiertes Management von Anwaltskanzleien.

Das Soldan Institut für Anwaltmanagement dokumentiert den Stand der Anwaltforschung auf nationaler und internationaler Ebene. Es betreibt eigene empirische Forschung insbesondere zu Fragen der strategischen Ausrichtung von Anwaltskanzleien, zur Personalführung in Anwaltskanzleien und zum anwaltlichen Vertrauensmarketing.

Die Ergebnisse dieser Forschung werden Rechtsanwältinnen und Rechtsanwälten, den einschlägigen Institutionen der deutschen Anwaltschaft (Bundesrechtsanwaltskammer und Deutscher Anwaltverein), politischen Entscheidungsträgern, Wissenschaftlern und einer breiten Öffentlichkeit zur Verfügung gestellt.

Neben der Unterstützung durch die Hans Soldan Stiftung wird das Institut über Mitgliedsbeiträge und Spenden finanziert. Im Beirat des Instituts sind u.a. die Bundesrechtsanwaltskammer, der Deutsche Anwaltverein und die Hans Soldan Stiftung vertreten.

Weitere Informationen: www.soldaninstitut.de

Über das Projektteam

Carola **Hommerich,** M.A. war von Dezember 2004 bis November 2005 wissenschaftliche Mitarbeiterin des Soldan Instituts für Anwaltmanagement. Derzeit promoviert sie am Institut für Angewandte Sozialforschung der Universität zu Köln zum Thema „Wandel der Einstellung zum Arbeitsleben in Deutschland und Japan".

Christoph **Hommerich,** Prof. Dr., Vorstandsvorsitzender des Soldan Instituts für Anwaltmanagement. Prof. Dr. Hommerich lehrt Soziologie, Marketing und Management an der Fachhochschule für öffentliche Verwaltung NRW, Abt. Köln. Zahlreiche empirische Forschungsarbeiten zur Soziologie der Rechtsanwälte und zum Anwaltmanagement.

Matthias **Kilian**, Dr. jur., Rechtsanwalt. Vorstandsmitglied des Soldan Instituts für Anwaltmanagement. Dr. Kilian befasst sich intensiv mit den rechtlichen Grundlagen der anwaltlichen Tätigkeit sowie der Erforschung von Rechtdienstleistungsmärkten. Er forscht und lehrt an der Universität zu Köln. Zahlreiche Veröffentlichungen u.a. zum Anwalts- und Verfahrensrecht.

Heike **Jackmuth**, Dipl.-Soz., Mag. rer. publ., ist seit August 2005 als wissenschaftliche Mitarbeiterin für das Soldan Institut für Anwaltmanagement tätig.

Katharina **Koch,** Dipl.-Soz., war von Juli bis November 2004 wissenschaftliche Mitarbeiterin des Soldan Instituts für Anwaltmanagement. Derzeit arbeitet sie als wissenschaftliche Mitarbeiterin der Stiftung Zentrum für Türkeistudien an der Universität Duisburg-Essen.

Silke **Krämer**, Dipl.-Vwl., war von August 2004 bis April 2005 als wissenschaftliche Mitarbeiterin am Soldan Institut für Anwaltmanagement tätig. Seit Mai 2005 ist sie Projektleiterin im Bereich Marketing und Marktforschung bei einer Versicherung.

Thomas **Wolf**, M.A., ist seit Juli 2005 wissenschaftlicher Mitarbeiter des Soldan Instituts für Anwaltmanagement.

Forschungsberichte des Soldan Instituts für Anwaltmanagement

Herausgegeben von Dipl.-Kfm. René Dreske,
Prof. Dr. Christoph Hommerich und Dr. Matthias Kilian

Band 1: Hommerich, C., Kriele, D., Marketing für Mediation, Bonn 2004, ISBN 3-8240-5400-0 (vergriffen).

Band 2: Hommerich, C., Kilian, M., Die Berufssituation junger Rechtsanwältinnen und Rechtsanwälte: Eine empirische Analyse des Zulassungsjahrgangs 2003, Bonn 2006, ISBN 3-8240-5401-9, 10,- EUR.

Band 3: Hommerich, C. / Kilian, M., Vergütungsvereinbarungen deutscher Rechtsanwälte: Eine empirische Untersuchung, Bonn 2006, ISBN 3-8240-5402-7, 15,- EUR.